超訳 聖書

古代ユダヤ賢人の言葉

Words from the Ancient Jewish Wisdom

石井希尚
編訳
Marré Ishii

Discover
ディスカヴァー

超訳　聖書　古代ユダヤ賢人の言葉

はじめに

ユダヤ人とは奇跡の民族である

ユダヤ人といえば、芸術、科学、あるいは金融など、さまざまな分野で傑出していることはよく知られている。

それだけに、ユダヤ人が世界を支配しているなどという陰謀論も後を絶たない。優秀であるがゆえに煙たがられるのか、ユダヤ人が歴史の中で受けてきた迫害は普通ではない。

これほど数奇な運命をたどり、幾度となく、為政者たちによって絶滅の危機に追いやられながらも、滅ぶこともなく、厳然と世界にその影響力を保持する民族は、ユダヤ民族をおいて他にはないだろう。

紀元70年、ティトゥス率いるローマ軍はエルサレムを包囲し、ついにこれを陥落させる。それ以降、彼らは国を持たない流浪の民として世界中に離散した。

にもかかわらず、彼らは、約1900年後の1948年、自分たちの祖国イスラエルを、同じ場所に再興させてしまった。

一度滅んだ国が、再び歴史の中に姿を現すなど、これもまたユダヤ人の国以外ほかにない。

しかも彼らは、古代に話していた同じ言語を復活させたのだ。

日本語は、平安時代までさかのぼれば、ほとんど通じないだろうと言われている。

それほど、話し言葉も、書き言葉も変化してしまったからだ。

しかし、彼らは古代のヘブライ語を1900年の長きに渡り保持し続け、それを元に、古代にはなかったさまざまな単語の発音を定め、基本的に、古代人が話していたのとほぼ同じ言葉を話している。驚くべきことだ。

ユダヤ人国家とは、まさに現代によみがえった古代社会であると言っても過言ではない。

私はアメリカにちょくちょく行くのだが、日系人に会うたびに、1900年間も祖国を持たない民族が、言語とアイデンティティーを保ち続けたことが、ほとんど奇跡的であると実感する。

なぜなら、アメリカで私が出会う日系人たちは、三世にもなると、ほとんど日本語を話せないし、彼らの頭の中はアメリカ人だからだ。

日本という国が滅びてなくなったわけでもない。現代は文明の力により世界はずっと狭くなったし、お互いに行き来することも簡単だ。

さらに、今はインターネット時代なのだから、自宅にいながらにして世界を旅することができる。そんな環境でありながら、日系人の多くが読み書きもできず、祖国の言葉を話さないどころか、その歴史さえよく知らない。

たったの三世代で、これほどまでに失われているアイデンティティー。この現実を見たとき、国を待たない流浪の民が、1900年間の長きにわたって、言語を保持し、民族のアイデンティティーを維持し続けたのは驚くべきことだ。

ユダヤ人とは、正に奇跡の民族である。

聖書はキリスト教の教典ではない

そんな彼らの原動力、国を失っても失せることがなかった民族意識と団結心、そして現代社会に与える影響力、これらの源泉は、彼らが共有してきた独特の信仰と思想にある。

その信仰とは、ヤーウェと呼ばれる「天地万物の創造主」なる唯一の神を信じる信仰であり、思想とは、他でもない聖書のことである。

聖書というと、多くの日本人は、キリスト教の教典だと思っているかもしれない。

しかし実際にはそうではない。とりわけ旧約聖書は、キリスト教徒のみならず、ユダヤ教徒、そしてイスラム教徒までもが認める聖典だ。だから、キリスト教の教典なのではなく、キリスト教も聖書を使っていると言ったほうが正しい。

旧約聖書は「契約書」である

さて、この聖書だが、そもそもユダヤ民族にとって聖書とは何かと言えば、それは「契約書」であると言っていいだろう。

彼ら古代ユダヤ人は、モーセという指導者に導かれ神と契約を交わす。その場面は旧約聖書の「出エジプト記」というところに記されている。雷鳴轟くシナイ山で、彼らは神々しい神の威光に触れ、まともに立ちおおすことさえできなかったほどであったという。

一体それはどんな様子だったのかと、想像力をかき立てられるが、この場面で、神と人との間に立ち、契約の仲介者の役割を果たしたのがモーセである。

この契約とは、「生き方」の契約であり、「あなたの戒めに従って生きていきます。もしそれを破ったら罰を受けてもかまいません」というペナルティー条項付きの契約だった。

そして、この契約の目的は、彼らがこの契約書に記されている戒めに則って生きるとき、彼らは大いに発展し、全世界への祝福の基となるという崇高なビジョンを実現するためのものだった。

ひらたく言えば、ユダヤ人が規範としている生き方のマニュアルに従って生きると、人生は祝福されるということを、世界中の人々が知るようになるために、神がまずユダヤ人を選び、彼らと契約を交わし、彼らに厳しくその契約条項に則って生きていくようにさせた、ということになる。

それを考えると、ユダヤ人の優秀ぶりと成功ぶりを見れば、この目的は十分に果たされていると言えるのではないか。

ユダヤ人が「選民」と呼ばれるのはこのためだ。

この契約はモーセによってもたらされたので「モーセの契約」とも呼ばれている。

さらに専門的には、この契約のことを「旧約」という。そう。旧約聖書の「旧約」である。古い契約だから旧約だ。

これに対して、新しい契約を「新約」というのだが、これはイエス・キリストによってもたらされた契約のことで、新約聖書の新約だ。

この契約締結の際、彼らが従うべき具体的な内容として成文化されたのが、かの有名な十戒である。

ちなみに、その十の戒めとは次のものだ。

一、私のほかに、ほかの神々があってはならない。
二、偶像をつくってはならない。
三、神の御名を、みだりに唱えてはならない。

四、安息日を覚えて、これを聖なる日とせよ。
五、あなたの父と母を敬え。
六、殺してはならない。
七、姦淫してはならない。
八、盗んではならない。
九、あなたの隣人に対し偽りの証言をしてはならない。
十、あなたの隣人のものを欲しがってはならない。

これは、彼らユダヤ人が据えるべき生き方の土台、つまり憲法のようなもので、ここから派生して、民法、商法、道徳法などが制定され、成文化されていった。それが旧約聖書の最初の五つの書物である。

だから、まさに旧約聖書は、彼らにとって契約書であると言えるわけだ。

彼らはこれを「律法」と呼んだ。ヘブライ語では「トーラー」である。

ユダヤ人たちが手にしたこの律法は、確かに優れた倫理基準を持ったものであり、人権などという概念がまだ育っていない古代社会にあって、奴隷にさえ「人権」を与え、殺人罪を制定し、その他、多くの現代の法律に通じる基礎を築いた優れたものである。

一人の男が抱いたビジョンからすべては始まった

このユダヤ民族。その歴史は、古代メソポタミアのウル（現イラク）に生きた遊牧民アブラハムという男から始まった。

彼こそ、キリスト教徒からも、イスラム教徒からも、そしてユダヤ教徒からも、「信仰の父」とあがめられる大人物である。

彼はある日、神からのビジョンをキャッチする。

それは、定住生活をせず、自分の土地を持たない遊牧民である彼の子孫が、いつか一大国家となるという壮大な夢物語である。彼はこれが「神からのビジョンである」と信じて、現在のパレスチナ地方に向けて旅立っていった。

しかも彼はすでに七五歳になっていて、老年の妻は不妊。二人には子どもがなかった。それでも、二人から生まれ出る子孫が、やがては星の数ほどにも増え広がり、国家となっていくという、途方もない幻を、まともに信じて旅立っていったのだ。

これがユダヤ民族の歴史のスタートだ。紀元前２０００年頃のことである。

彼がビジョンの人でなかったらユダヤ民族もユダヤ国家も存在していない。

ちなみに「偉大な成功者の背後にはより偉大な妻ありき」と言われるが、確かに彼にも、彼を支えた妻サラがいた。（174参照）

さらに言えば、これがアラブ民族の歴史の始まりでもある。ユダヤ民族もアラブ民族と同様、アブラハムから別れ出た支族だからだ。

ビジョンの人アブラハムは、とてつもなく大きな夢を信じて旅立った。

奇跡は起きた。老夫婦から子どもが生まれ、孫のヤコブには子どもが12人も与えられたのだ。このヤコブが後に名前を「イスラエル」と改名した。

そして、彼の直系の子孫が、後のイスラエル国家を構成する12部族となっていく。

遊牧民から国家へ

しかし、歴史の不条理は、ユダヤ民族をエジプトでの400年にわたる奴隷生活へと追いやる。現在エジプトに残っている遺跡の建設には、古代エジプトで苦役に服したユダヤ人たちがかかわっている。

彼らはこの不遇の時代に、いつか自分たちを救い出してくれる解放者の到来を待ち望む。そして登場したのがモーセだったのだ。

彼はあっと驚く方法により、何十万にもふくれあがっていたユダヤの民を、一夜のうちに大脱出させる。この物語はハリウッド映画にもなっているので、ご存知の方も多いだろう。紀元前１４００年頃のことだった。

モーセは、この民を率い、その後40年間、シナイ半島を放浪することになる。そして、彼らがエジプトを脱出し、民族としての再スタートを切ったその直後に、新しい門出を祝うタイミングで交わされたのが、前述のモーセの契約だったのだ。

彼らは国家となることを目指して旅だった。

しかし、彼らはかつて一度も祖国を持ったことがない遊牧民の大集団にしかすぎない。ところが、モーセの契約が締結され、成文化された戒めが与えられた瞬間、未だ国家を持たない部族集団が、国家の要である法律を持つことになったのだ。

この事実が後のイスラエルの歴史に対して果たした役割はとてつもなく大きい。

この律法があったからこそ、ただの部族集団は「国家」へと変貌を遂げていくことができたのだ。

すなわち、聖書とは、遊牧民を国家へと発展させた知恵であり、力である。

天下人・ダビデの登場

紀元前1000年頃、ついに、彼らは、先祖アブラハムが神から約束されたというその場所に、自分たちの国家「イスラエル」を建国することになる。

権力者でもない、軍人でもない、たった一人の遊牧民の男のビジョンが、約千年の時を経て実現したのだ。

初代の王として12部族の中から選ばれたのはサウルという人物だった。

しかし彼は、建国半ばにして戦死する。

その後、第二王朝を築いたのが、現在もユダヤ人のヒーローであるダビデ王だ。

彼は非常に優れた武将として、多くの戦いをくぐり抜け、近隣諸国の脅威を打ち払う。また、政治家としても外交面でその手腕を発揮し、国々との和平を結び、イスラエル国家の安泰をはかっていく。

第一王朝の時代、国はまだ12部族連合国家の色彩が強かったが、このダビデが、12部族を政事的にも軍事的にも統一し、中央集権国家としての統一イスラエル王国の礎を築いた。

現在イスラエルの首都であるエルサレムは、このとき、ダビデが都として定めたものだ。今からおよそ約3000年前のことだった。

ダビデは羊飼いの出で、貴族であったわけではない。

平民が天下人として成り上がり、国を統一する……豊臣秀吉を思い出す。


統一国家を樹立したダビデは、現在でも、イスラエル国家のシンボルであり、前述したとおりユダヤ人のヒーローだ。

現在のイスラエル国旗はダビデが使用した「六芒星」だし、エルサレムの中心街には、世界中でも有数の五つ星ホテル「King David Hotel」がある。

私はそこに宿泊したことがあるが、そこに行けば、ダビデという人物が今もユダヤ人の心に息づいていることが実感できるだろう。

古代ユダヤの成功者の唄

しかも彼は芸術的な才能にも恵まれ、楽器を弾きながら唄を詠み、多くの作品を残した。現代で言えば「賛美歌」だ。

それが旧約聖書の「詩篇」としてたくさん残されている。国を統一した偉大な武将であり、有能な政治家、そして才能溢れるミュージシャンであり詩人……現在でも憧れの的であるダビデ。古代ユダヤ人の中の偉大なる成功者の一人である。

これだけでも、一体彼はどんな発想をして、何を語った人物なのかと興味が尽きない。私は、これだけの事業を成し遂げた歴史的人物の言葉から得るところが大きいに違いないと、夢中になって詩篇を読んだ。

このダビデの詩篇を、本書では8篇紹介させていただいている。詩篇には、本来はすべてにメロディーがついていた。だから、言ってみれば詩篇は歌詞カードのようなものだ。

だからあなたも、鼻歌でも何でもいいので、メロディーをつけて詠んでみてほしい。すると3000年の時を超え、悠久の彼方から響く古代ユダヤ人の思いと、現代を生きるあなたとの感性が融合した新しい唄を、天に上らせることになる。なんともロマンティックではないか。

賢者の中の賢者、ソロモン王

このダビデ亡き後、王位を継承し、第三王朝を築いたのが、ダビデの子ソロモンである。

彼こそ、古代社会の賢者の中の賢者と言っても過言ではないだろう。イスラエルは、彼の時代にもっとも発展し栄華を極めた。

ダビデを凌ぐソロモンの功績は、なんと言っても、エルサレムに燦然《さんぜん》と輝く神殿を建設したことだ。

現在、エルサレムには古代の神殿の城壁の一部が残っている。「西の壁」あるいは「嘆きの壁」と呼ばれ、多くのユダヤ人たちが黒い服に身を包み、その壁にむかって祈りを捧げている姿をご覧になった方もあるだろう。

あれは、ソロモンが紀元前10世紀に建てた神殿と同じ場所に、ソロモンよりも後の時代、ＢＣ５１５年に再建された第2神殿で、聖地エルサレムの中でも、ユダヤ人にとっては、もっとも聖なる場所の一つである。

観光客であっても、ふさわしくない服で一歩でも立ち入ろうものなら、下手をすると警備をしている兵士に撃たれてしまうかもしれないと思わされるほど重々しい場所でもある。

神殿の完成により、エルサレムは名実ともに、政治と宗教の中心地となり、さらなる発展を遂げていく。

ある日、彼は「欲するものを何でも言え、それを叶えよう」という神からの声を聞く。この時ソロモンは、名誉でも権力でも女でもなく、知恵が与えられるようにと願った。するとその心の正しいのを見て、神は彼に知恵を与えたばかりか、彼が求めなかったその他のものもすべて与えたという。

これが賢者ソロモン誕生の秘密である。

ソロモンは世界にその名を馳せ、世界中の有力者たちが、ソロモンの知恵を拝借しにエルサレムに詣で、ソロモンに謁見した。

その中の一人にシバの女王がいる。彼女とソロモンとのロマンスは有名だ。二人の間にできた子が、エチオピア王国の始祖となったとも言われている。

余談だが、彼の名裁きのストーリーは、多くの小説や歌曲となって語り継がれているが、日本では、たとえば、大岡越前守の物語に置き換えられているものもある。

二人の母親が登場して、二人とも「この子は私の娘だ」と主張するという、有名な話だ。これを大岡越前守は見事に解決し、偽物の母親を見破るのだが、その方法はこうだ。

その娘を真ん中におき、名乗り出た二人の母親に、彼女の腕を取り自分のほうに引き寄せろと命じる。愛情の強いほうが勝つであろうと。勝ったほうが本当の母親だと。

二人が一斉に自分のほうに娘を引っ張る。するとその娘は「いたい！」と悲鳴を上げる。一方の女は手を放していまい、もう一方の女が見事に引き寄せ、勝ち誇ったように自分が本当の母親だと主張する。しかし大岡越前守は、手を放してしまったほうが本当の母親だと言うのだ。手を放さなかったほうが愛情がない。偽物だ！と。

この有名なストーリーは、そもそもソロモンの知恵として旧約聖書に記録されているものだ。

ソロモンは多くの箴言を書き残した。

彼は人々を指導することに熱心だったのだ。箴言はまさに古代ユダヤ賢人の言葉の代表である。本書の三分の一は箴言で構成されている。

すべてをやりつくした賢人が残した名言

彼は権力と名声と財産、そして知恵を思うままにし、さらに、世界で一番多くの側室を持った。彼は、人がうらやむであろうすべてをやり尽くした。

彼にとってできないことは一つもない。

やろうと思えば何でもできるし、実際に多くのことを成し遂げてきた。

しかし晩年、すべてをやり尽くした彼はこうつぶやく。

「すべては空。すべてが空しい」と。（162参照）

彼は、この世の不条理に苦悩した。人間にとっての幸福は何なのかを模索した。並外れた賢人だった彼の探究心はやむことがなく、人生のすべてを見極めようと、知力を尽くした。

しかし彼は見てきた。多くの知者たちが、探求しても追求しても、決して知り極めることのできないこの世の不思議に心を破壊させられ、自ら命を絶っていく姿を。

だから彼は言った。「死に急ぐな」と。

「賢すぎることも、愚かすぎることもいけない」と。（156参照）

そして彼は、人が到達すべき一つの結論を書き記した。

それがコヘレトの言葉である。中でも、コヘレトの言葉12章は、古代社会が誇る賢者の中の賢者ソロモンが、次世代を生きるすべての人に届くことを期待して記した魂の格言である。（193参照）

この書は、旧約聖書の中でも、名言の宝庫と呼ばれている。

古代ユダヤ文化、あるいはヘブライ文書の神髄と言えるかもしれない。

本書では、箴言に続き、コヘレトの言葉からも多く紹介させていただいている。

1000年後のエリート・パウロ

ソロモンの時代から、およそ1000年後のイスラエル。

イエスが生きた時代に、イスラエル王国の初代王、サウルと同じ名前を持った超エリートが活躍していた。

彼は、1000年前に栄えたイスラエルの栄光を胸に刻み、契約の民であることに対する誇りとプライドをかけて、ソロモンのように、知力を尽くして真理への飽くことのない探求心に突き動かされていた。

その名をパウロと呼んだほうがわかりやすいだろう。

同時代のユダヤ人たちがそうであるように、彼もまた、祖国イスラエルが独立国家ではなくなっている現実を憂えていた。

今やイスラエルは、強大な軍事力によって世界最大の帝国を築き上げたローマの属国となっていたのだ。


彼は歴史にもよく通じていた。ギリシャ語とヘブライ語を自由に使い分けるバイリンガルで、当時のイスラエル最高意志決定機関である「サンヘドリン」に属する議員であった。

誰よりもユダヤ人であることに誇りを持っていた彼にとって、ソロモン王以降のイスラエルの歴史を学ぶことは、痛みでもあった。なぜなら、ソロモン亡き後のイスラエルは北と南に分裂し、双方ともに他国の侵略を受け、民族の誇りはズタズタに切り刻まれてきたからだ。

彼の時代のイスラエルは、バビロニア帝国に捕虜として連行されていた人々の末裔である。バビロニアがペルシャに滅ぼされた後、ペルシャ帝国の寛容な宗教政策によって祖国帰還を許された人々だ。

契約のとおりに罰を受けたイスラエル

しかし、パウロの時代のイスラエルには、すでにダビデ時代の栄光はない。

そして、誰もが「あの栄光をもう一度」と願っていた。

しかし、民の指導者たちは、自分たちの国が滅ぼされ、捕虜となり、苦汁をなめた理由を理解していた。それは、あのモーセの契約である。

あの契約にはペナルティー条項があった。覚えているだろうか？

もし戒めを守らないなら、罰を受けるという契約だ。

彼らは、これは罰なのだと理解していた。

イスラエルが、神の律法をないがしろにしたから、罰が当たったのだと。これは神の裁きであり、神は我々を裁くために他国の侵略を許したのだと。

その反省から、彼らは二度と同じ過ちをくり返さないために、契約の言葉が命じる戒めを、ことごとく行うことに徹底的にこだわるシステムをつくり出していた。それが、いわゆるユダヤ教である。その中で、伝統と民族性を重んじ、モーセの契約に立脚した生き方の何たるかを体系化し、民を指導し監督する中心的な役割を担っていたのが、パリサイ派と呼ばれる宗派だった。

その信条とするところは、たった一日でも、全イスラエルがモーセの律法のすべてを完全に行うことができたら、その日、メシアが到来し、イスラエルはすべての圧政から救い出され、完全なる自由を満喫することができるようになるというものだ。

パウロは、その宗派に属していた。

彼はパリサイ派の教えを熱狂的に信奉していて、律法を学ぶことや、それを行うことにかけては、誰からも非難されることはないと豪語するほどに、非常に宗教熱心であった。

エルサレムで名高いガマリエルという教師の門下生であったパウロは、人々から一目置かれる存在だった。

ユダヤ社会を揺るがしたナザレ派

ところが、後にパウロの人生を変えてしまうほどの社会現象が国を騒がせていた。

それは、ナザレ派の出現である。

この人々は、パウロが信じて走ってきた契約の律法を、あからさまに無視するようなとんでもない異端の教えを広めた男を信じるセクトだった。

彼らは、ナザレ出身の大工の息子「イエス」こそがメシアであると吹聴する人々だったのだ。

メシアとはヘブライ語で「油注がれた者」という意味の言葉で、これは王の即位式に関係がある。

当時、王が即位する際、王の頭にオリーブ油を注ぎかけた。

オリーブ油は神の霊を象徴していて、頭に油を注ぐ儀式は、その人には特別な神の力が注がれているということを象徴的に表すものだった。

油注がれた者「メシア」は、それほどの力を帯びた特別な存在で、ユダヤ国家と民を解放する人物であるべきだった。

ユダヤ人たちは、他国の圧政に苦しむようになってからというもの、世代から世代へと、メシア到来を語り続けてきた。

いつかメシアがユダヤ国家を完全に独立させてくれるときがくると。

それは、民間信仰として息づいていた。

前述したが、パウロは、その日は全イスラエルが律法を完全に行なった日に到来すると信じていた。

それにもかかわらず、突如ユダヤ社会の表舞台に現れたイエスという人物は、食事の前の清めの儀式を無視した。もっと悪いことに、彼はユダヤ人にとっては、宗教的に汚れている他民族とも差別なくつきあい、軽蔑されるべき職業の人々と食事まで共にした。これはユダヤ人教師にあるまじき行為であった。

これではメシアはやってこない。しかしこの男の教えに民衆は心酔し始めていた。

イエスの登場によるユダヤ当局の焦り

ユダヤ当局はイエスに激しい憎悪を抱いた。

しかし、圧倒的な旧約聖書の知識と、権威ある教え方に民衆はすっかり心酔していた。彼は人々の心を完全にとりこにしていた。しかも、あちこちで、「イエスのおかげで病が癒された」だの、「死人が生き返った」など、ただごとじゃない噂が、ひっきりなしに報告されるようになったのだ。

焦ったユダヤ教当局はこの男を徹底的にマークし弾圧した。

そして、サンヘドリンは、イエスをとらえ死刑にすることを決議し、ついには処刑することに成功した。これでこの問題は解決するはずだった……。

予想外の展開に戸惑うパウロ

ところが、「イエスは復活した！」と宣伝しはじめた人々がいた。それがナザレ派である。

パウロは、処刑される前のイエスに直接会ったこともなければ、直接彼の言葉を聞いたこともなかった。

特に気にも留めず、おそらく「お騒がせの偽メシアが処刑されてよかった」程度にしか思っていなかったかもしれない。しかし、イエスの復活を説くナザレ派の出現には頭を悩ませた。

まず、彼らの指導者たちが、田舎育ちの漁師たちばかりであったことに強い衝撃を受けた。自分のように専門の教育を受けていないはずの人々が持っていた旧約聖書の知識にも驚嘆した。

そして、彼らはモーセの契約よりもよい「新しい契約」を説いていた。

それはイエスの契約だった。

それは、律法を守れないものが罰を受けるというペナルティー条項つきの契約とは異なり「神の恵みと許しを信じるものは無条件で許される」というペナルティーのない契約なのだと。

「そんなことは許せん！　そんなことがあったら、自分が今まで死守し、努力してきた律法はなんだったというのか！」ナザレ派の言葉を信じることは、パリサイ派の教えを無価値なものにしてしまう。

ナザレ派の言葉が本当なら、そっちのほうがよほどいいとさえ思えた。

しかしそれは自分のすべてを否定することにもつながってしまう……。パウロにはそう思えた。

ナザレ派を弾圧する迫害者パウロ

彼はナザレ派を殲滅するべきだと考えた。

このグループを地上から根絶やしにすることが、先祖から受け継いだモーセの契約による「神の民」としての伝統を守ることになると。

かくして、彼はナザレ派を一掃すべく立ち上がった。

ユダヤ教当局のバックアップを得て、徹底的に彼らに対する弾圧を開始したのだ。彼らを見つければ容赦なく逮捕し、イエスの教えを捨てるように圧力をかけ迫害し、心を曲げないものは殺害していった。

迫害者パウロの名前は、ユダヤ社会に轟いた。

しかし、あっと驚く奇跡が起こったのだ。

このパウロが、ナザレ派の教えに同調してしまったのだ。迫害者が最も偉大な宣教者へと大変身してしまったのだから、歴史は面白い。

彼こそが、新約聖書の後半の書簡の多くを書いた、偉大なキリストの使徒である。

本書で紹介している新約聖書の言葉は、ほとんどが彼の手によるものだ。

ローマ人への手紙、コリント人への手紙、ガラテヤ人への手紙、ピリピ人への手紙、エペソ人への手紙、テモテへの手紙、テトスへの手紙、テサロニケ人への手紙、ピレモンへの手紙、そしてヘブル人への手紙。これらはすべて彼によって書かれた。

実に、彼がいなければ、新約聖書の大半はない。

彼は「恵みの福音」を説いた。

それは、簡単に言えば、人が神に受け容れられるのは、努力ではなく、恵みなのだということだ。

宗教的にならなくてもいい、先祖の律法を守れなくてもいい、いやむしろ、完全に戒律のすべてを守り行うことは不可能だ、そうではなくて、イエスを信じる信仰によって、罪が許されるのだ、ただ信じればいい！と。

彼は、苦しい修行や苦行の道ではなく、すべての人の上に注がれている変わることのない神の恵みを信じる道を説き、力強くユダヤ人たちを説得した。彼は過去の自分を振り返り、自分の宗教的努力がいかに不毛だったかを書き送っている。そこには、正直な彼の気持ちがリアルにしたためられている。（203参照）

契約の民であると自負する彼らにとっては、モーセの契約は絶対に無視できない。それは彼らの存在そのものの土台でもあった。

しかしパウロは言った。

モーセの契約は、イエスによる新しい契約が結ばれるまでの仮契約だったのだと。契約をないがしろにする必要はない。ただ新しいものに更新すればよいのだと。

ユダヤ社会は猛反発した。当然である。

そして、今度は彼が、ユダヤ人たちから命を狙われる番になった。

行くところどこにおいても、彼を抹殺しようと息巻く、熱心な、伝統的ユダヤ人たちが彼の命を狙っていた。彼は石を投げつけられ、半殺しになったこともあった。

しかし、彼はひるまなかった。

彼は、ユダヤ人たちが自分の言葉を信じないなら、ユダヤ社会の外にこの知らせを携えていくまでだと、心に決めた。

こうして彼は世界宣教へと旅立っていく。

ナザレ派から世界宗教へ

ナザレ派を震え上がらせた迫害者が、一転、世界にキリストの福音を伝える大宣教者となったことで、世界の歴史が変わったと言っても過言ではない。

ローマ社会で、旧約聖書も契約も知らないはずの人々の間で、彼の伝えたメッセージが、驚くほどのスピードで普及していったのだ。

かくして、ナザレ派の教えはユダヤ社会を飛び出し、後の人々から「キリスト教」と呼ばれる大宗教へと発展する道をたどっていったのだった。

しかしその勢いはローマ社会を激震させた。

皇帝の家族の中にまで、イエスを信じる者たちが現れたからだ。

結果的に、彼はローマ社会からも、指名手配されることになる。

時の支配者ネロ皇帝が、ローマ市で起きた火事をキリスト教徒のせいにしたからだ。

この大火事はネロの責任だという市民からの疑惑を払拭するために、その責任をキリスト教徒たちになすりつけたのだ。

これはまんまとうまくいき、ローマ社会でキリスト教徒は、軽蔑され、迫害される者となっていく。その迫害は激烈を極め、キリスト教徒たちは、コロセウムでライオンと格闘させられたり、火あぶりにされたりした。

ネロは狂った獣のように、キリスト教徒たちの命を喰いものにした。

夜になると、キリスト教徒たちは、街を照らす街灯として、生きたまま燃やされていった。

そしてついに、その首領であるパウロも逮捕され、ローマにおいて首を切られて死んでいった。

しかしパウロは、最後の瞬間までひるむことなく、妥協することなく、握りしめたメッセージを伝え続けた。人は、これほどの強いメンタルを持ち続けられるのだなと驚嘆する。彼の生涯を知れば知るほど、その強さは感動的だ。

日本人の心に通じる「道」を重んじる生き方

彼は自分の生き方を「この道」と呼んだ。

自分から「クリスチャン」という言葉を使ったことは一度もない。もっとも「クリスチャン」とは、周りの人が呼んだ「あだ名」であって、自分たちが広めたものではない。

神道、柔道、茶道など、「道」を重んじる日本人には、彼の生き様はまるで「武士道」のようにも見えてくる。実際、彼が教えた徳を重んじる生き方は、日本人の考え方に非常に似ていると言ってもいい。

伝統的なユダヤ文化と、ヘレニズム文化の両方を知り尽くし、時の為政者たちの前に立たされた時にも、理路整然と語ることのできる勇気と知性とを持ち合わせていたパウロ。

哲学の街アテネに単身乗り込んだときは、地元の人々の宗教や文献をよく調べた上で語りかけるなどの教養を持つ一方、交易の盛んな主要な都市以外では長居をすることなく、自分の伝えるメッセージが、人々の口を通して世界へと伝搬されるためには、何が最も効果的であるかを分析するしたたかさを持つ戦略家。

彼について書きたいことは山ほどあるが、紙面の都合上、それはまたの機会にゆずりたい。しかし、ひたむきに生きるとはどういうことかを、彼の生き様は私たちに教えてくれる。

車も電車も飛行機もない時代。電話もなければメールもない。そんな時代に彼の旅した距離はすさまじく、彼の与えた影響ははかり知れない。

彼は、最後まで自分がユダヤ人であることに誇りを持ち、あくまでもユダヤ人として生きた。彼の伝えたメッセージは、もともとが極めてユダヤ的、つまりヘブライ的であった。

しかし、ローマ帝国で国教となってしまったキリスト教は、本来、きわめてヘブライ的であったオリジナルのものとは全く変貌してしまっている。

しかし、それでも、今から約2000年前に生きた、このユダヤ人賢者の教えが、今日の社会に与える影響の大きさを考えるとき、まぎれもなく、この人物は世界史を変えた、史上たぐいまれなる傑出した人物で、偉大なる成功者であったと言うことができるだろう。

ネロ皇帝の前での最後の弁明の前、すでに自分が死罪になることを悟ったパウロはこう書き残した。辞世の句である。


私が世を去るときはすでにきた。

私は今や、神の前に注ぎかけられる供えものとなる。

私は勇敢に戦い、走るべき道のりを走り終え、信仰を守りとおした。

この先、私には義の栄冠が用意されている。かの日には、正しい審判者である神が、それを私に授けてくれるのだ。私はその瞬間を心待ちにしている。

私だけではない、信仰を持ち神を慕っている者には、誰にでも授けてくれるのだ。

テモテへの第2の手紙 4章6〜8節

本書は、主にダビデ、ソロモン、そしてパウロの言葉で構成されている。

その他にも、この3人によらない言葉も入っているが、彼らについての解説はまたの機会にゆずろう。

なお、本書を執筆するにあたり、新改訳、新共同訳、口語訳、現代訳、リビングバイブルなど日本語で刊行されている各聖書の訳を参考にしたのに加え、KJVやNIVなどの英訳の各聖書を参考資料として使用し、原語については concordanceにより、その意味を確認しつつ、基本的に、そこに語られている内容からずれることなく、しかし、あるものについては、現代の社会生活に置き換えた状況を設定し、その中で適用可能なものとして、大胆に踏み込んだものにさせていただいている。

それは、本書刊行の目的がオリジナルの訳を再現することにないことによることを、ご理解いただければ幸いである。

超訳　聖書　古代ユダヤ賢人の言葉　目次

はじめに

1 自分自身について

4 言葉と行動について

5 人間関係について

6 働くことについて

9 人生について

10

愛と結婚について

11 信仰について

א

1
自分自身について

001

א

試練を乗り越える力を信じよ

人生には試練や困難はつきものだ。

どんな人生にも、必ず試練はやってくる。

自分に与えられた人生を満喫するためには、試練を乗り越えなければならない。

試練にどう立ち向かうかが、人生を決すると言ってもいいだろう。

試練に対して初めから腰砕けになっていたら、乗り越えられるものも、乗り越えられなくなってしまう。何につけても、どのような態度でことにあたるかが大事なことは言うまでもない。

だから、試練をまるで親友であるかのように迎えなさい。

大歓迎するのだ。実に喜ばしい。

わかっているはずだ。信じる心が試されるとき、忍耐が生じるということを。

試練は、忍耐力を練り上げる絶好の機会となるのだ。

だから、チャンス到来とばかりに忍耐力を最大限に働かせなさい。

試練とは、あなたに忍耐力を身につけさせ、何事も怖じ気づかない強い確信に満ちた成熟した人へと成長させてくれる教師であり、友なのだ。
人は、試練の中で必ず成長していく。だから、人には試練が必要だ。
さあ、試練を喜び、親友として迎えよう。

ヤコブの手紙 1章2～4節

002

ב

自分の考えが正しいわけではない

安定した人生を望むなら、何事につけても「より優れた考え」と「より優れた判断」が存在するという事実から目を離さず、これら二つを見失わないよう、自分の思索を見張ることだ。

自分の考えが一番正しいのでもなく、自分の判断が最善なのでもない。

自分の知っていることなどごくわずかだし、自分が経験してきたことなどとるに足らない。

実は知らないことのほうが多いのだから、考えてみれば当たり前だ。

それなのに人は、小さな「自分の考え」で「判断」したことが実現することこそ幸せになる道なのだと思いこみ、思ったとおりにならないと想い悩む。

しかし、人生は理解できないことや、納得のいかないことだらけだし、自分の思ったとおりにならないことのほうが多いのだ。

小さな子どもが、うれしそうに鋭利な刃物を振り回しているのを見たら、親は子どもが泣こうがわめこうが、その子の手から刃物を強引に取り上げないだろうか。子どもは親が一緒に遊んでくれると「考えた」かもしれないが、大人の「判断」によれば、それは極めて危険な状態だったということだ。

子どもには理解できないし、納得もできない。いつかわかる日が来るまでは。

そのように、自分には理解も納得もできなくても、今の自分にはわからないだけで、より優れた考えによれば、そこには意味があり、より優れた判断によれば、「それでよかった」に違いないのだ。時が来ればそれはきっとわかるようになる。この視点を決して失ってはならない。

そうすれば、思ったとおりにならないとき、理解できないとき、不安や心配に押しつぶされてしまうことはない。

わからなくてもいいのだ。思い描いたことと違う結果でもいい。わかる人が見たらわかる。自分にもいつかわかるときがくる。

この視点を失うことさえなければ、あなたは決してつまずかないし、倒れてしまうことはない。

003

ג

本当に優れていれば必ず評価される

自分のことを売り込むのに必死な人がいる。
しかし本当に実力があれば、その実質は自ずと明らかになる。
人の願いや思惑を超えて、なるものはなるのだ。
それが天命ならば、必ずなる。
それを信じる者は、じたばたしたり、ことさらに自己推薦することはない。
こういう人こそ信頼に値する。

コリント人への第2の手紙 10章18節

004

ד

ありのままの自分を受けとめなさい

自分の過ちを正直に認めることができない人は成功しない。
しかし、それを素直に認めて、変わろうとする人は、信頼と好意を得る。
だから結果的にことを成し遂げていくのだ。
もし成功したいなら、ありのままの自分の姿を直視し、決してごまかしてはいけない。
はりぼてのような人生は、いつか必ず崩壊してしまうものなのだ。

箴言 28章13節

005

ה

人が下す評価に翻弄されるな

私にとっては、人から批判されたり、あるいは「あいつはこういう人間だ」と決めつけられたりすることは、非常に小さな問題だ。

それどころか、私は自分について、自分で評価しようとも思わない。

私は自分の良心に背くようなことをしていないが、だからと言って、それが自分の正しさを証明するわけではない。

なぜなら、それはあくまでも私がそう思うことなのであって、私の判断は、あくまで主観的なものにすぎないからだ。私の主観的判断が、善悪を決定する普遍的な判断基準になるはずがないではないか。

人は誰も、すべてを完全に正しく判断する完全な「ものさし」など持っていない。

それを持っているのは神だけだ。そう。私を裁くのはこの神なのだ。

いつか必ずすべてが明らかになるときがくる。

報われるべきことは、必ず報われるし、裁かれるべきことは、必ず裁かれる。

これを私は信じている。

だから、何事につけても、先走った判断を下してはならない。

人があなたについて何を言っても、どんな評価が下されても、いちいち気にするな。他者の判断に惑わされたり、あるいは、人の評価によって落ち込んでしまったりしてはいけない。

あるいは逆に、自分の中に何か賞賛されるべきことがあると思っても、それをいちいち他人に言いふらそうとしたり、評価してもらおうとやっきになってもいけない。

本当にそれが賞賛に値するものであれば、それは必ず明らかになるだろう。

だから安心していればいい。

コリント人への第1の手紙 4章3節〜5節

006

ך

自分をつねに変化させ成長させよう

学ぶことにかけては一生懸命で、年数だけは経っているが、学んだことを実践することがなく、結局は基礎から教え直してもらわなければならないという人がいる。

学んでいるという事実に自己満足し、学ぶことの本来の目的に対して、ちっとも真剣にならない人だ。

そういう人は、体だけは大人なのに、母乳しか飲めないいびつな姿をさらしていると思え。

人は変わらなければならない。

大事なのは成長することだ。

いつまでも、そのままの自分でいいと思ってはならない。

ところが、学ぶことだけに満足している人は、乳飲み子が流動食しか食べられないように、変わることを要求されたり、痛い言葉を言われたりすると、堅くて食べられず、受け入れることができない。
そうであってはならない。
成長するのだ。大人になれ。

大人というのは、堅い食物をしっかりとかみ砕くことができる人のことで、経験によって、なすべき正しいことと、そうでないこととをわきまえる感覚を訓練された人のことを言うのだ。

だから、学ぶことに自己満足する人ではなく、成長することを願う人になれ。

ヘブル人への手紙 5章12〜14節

007

ז

機会を十分に生かせ

自分の生きる態度によくよく注意し、賢く生きているかどうか常に吟味しなさい。

道徳の低下が著しい昨今、誘惑をはねのけ、正しく生きるのが難しい時代だ。意識せず普通に生活していれば、耳に入ってくる情報、目にすることに影響され、知らず知らずのうちに悪に染まってしまうのは簡単なことだ。

だから、愚かにならず、あらゆる機会を十分に生かして、ただ欲に生きるのとは違う生き方を示しなさい。

エペソ人への手紙 5章15〜17節

008

ח

自分のために、他者のために、祈りなさい

どのような状況の中でも、すべてのことについて、心の深いところから出てくる偽らざる願いを、それが言葉にならなくても　心の底からわき上がるうめきとともに、天に立ち上らせなさい。それが祈るということだ。

そのためには、常に自分の中にある正しい視点を意識して、失ってしまわないようにしないといけない。

そうでないと、祈りはただの自己満足のための道具となってしまう。

自分の必要のために祈ることももちろん大切だが、周りには祈りを必要としている多くの人々がいる。だから人々のために祈る心が大切だ。

祈ったとしても、状況が目に見える形で好転しないかもしれない。祈ってどうなるんだと思えることもあるかもしれない。

それでも、忍耐強く、人々のために祈り続けなさい。

エペソ人への手紙　6章18節

009

ט

自由意志で生きよ

我々は自由人として行動しよう。

宗教に洗脳され、自由を奪われてしまうことなく、また、欲によって心を奪われてしまうこともなく、あるいは、誰かに精神的に支配されたりすることもなく、自分の意志で責任を持って、ことを決められる人として生きよう。

ただし、その自由を、好き勝手に自分のしたいことだけをするために使うのではなく、人を助け、希望を与える働きのために使おう。

ペテロの第1の手紙　2章16節

010

י

自分の信じる道を生きよ

人は、何かをする前に、何者かでなければならない。
なぜなら、人は自分で信じたとおりにしか生きられないからだ。
自分を価値ある存在であると信じる者は、価値あることを計画し、その行動も
それにふさわしいものになる。
人の人生は内面を映す鏡なのだ。

イザヤ書 32章8節

011

יא

平和な環境をつくりだす努力をしよう

平和で幸せな日々を過ごしたいと願っている人は誰だろう?だとしたら、まずは決して人の悪口を言わず、自分の舌に嘘や偽りを言わせないようにさせよ。

人生は人間関係だと言ってもいい。人とのかかわりが良好でなければ幸せな人生はない。だから、人との間に不和があり、否定的な思いで満ちていれば、平和はやってこない。

また、嘘はあなたの信頼をそこね、偽りは人との間に不和を生じさせる。嘘や偽りで身を固める人生に平和はない。

さらには、良心の呵責を覚えることには手を出さず、不正に荷担しないで、他者にとってよいと思われることだけをすると決めるのだ。

結局のところ、すべては自分の行動にかかっている。平和を求め、そのために努力する人となれ。「天は自ら平和をつくりだそうとする者を助く」のだ。

詩篇34章12〜14節

012

יב

誠実に生きることを誇りとせよ

私はキリストの使徒としての、この世の中での自分の行動について、良心に責められるような不誠実な点は一つもないと自負している。

自分の立場を誇示して他者を支配しようとしたり、自分の考えを押しつけようとしたことはないし、逆に、長いものに巻かれたり、「一般的な考えだから」という理由だけで、自分の信条に反することに対して妥協したこともない。

むしろ、道徳的な清さを保ち、もっとも気高い良心に一点の曇りもない誠実な行動をとるように心がけてきた。

そして、何事につけても、自分の実力で勝ち取ってやろうとすることなく、神の恵みによって与えられるものを感謝して受け取るという基本的な姿勢を貫いてきた。こう言い切れるのは私の誇りである。

コリント人への第2の手紙 1章12節

013

גו

自分のやるべきことをやれ

私が自分に与えられている使命を全うしたとしても、それは私の名誉とはならない。

それは、私がやるべき当然のことだからだ。

しかし、私がそれをしなければ、私はやるべきことさえできない最低な人間となってしまう。やるべきことであると自覚しながら、やらなかったのだから。

それが自分にとって、やるべきことであるならば、すべては自発的になされるべきだ。

しかし、仮に強制されたとしても、私は文句を言わず、それをやるべきだろう。

なぜなら、それが私のするべきことなのだから。

コリント人への第1の手紙 9章16〜17節

014

יד

正しいと信じる基準にそって生きよ

あなたが正しくあろうと努力し、自分を律して生きようとするとき、そんなことには全く無頓着で、欲望のままやりたい放題にやっていながら、それなりにうまくいっているように見える人の人生が、妬ましく思えることがあるだろう。

何が正しく、何が正しくないかにこだわった瞬間、仕事であれ何であれ、自分の行動に自ら制約を設けることになるから、窮屈に思えたりする。

ところが、そんなことにこだわらなければ、陰で何をやろうが関係ないし、なすべきでないことなどなくなるから、いちいち考える必要もない。

だから、ふと、そんな人生は楽でいいだろうなと思ったりするのだ。

しかし、そんな人々を羨んではならない。

あなたの労苦には、よい報いが必ずあるからだ。あなたの将来には希望がある。

それは決して断ち切られることはない。

箴言 23章17〜18節

015

יה

価値ある存在として生きる

あなたは、誰とも同じではない唯一無二の最高傑作として、価値あることをするためにデザインされ、生まれてきた。

あなたは、意味と目的とをもってつくられた神の作品なのだ。

あなたは存在しているだけで価値がある。

あなたのために、最高に素晴らしい人生のプランが用意されていて、それは、実現される日を待っている。そして、それを実現するために必要な才能や能力の一切は、すでにあなたの中に備わっている。

だからあなたは、ないものねだりをする必要もなければ、他人を羨む必要もない。

さあ、始めよう。あなたは必ず成功するこの上もないハッピーな人生を満喫するために生きている。

なぜなら、あなたはそのためにデザインされた作品なのだから……。

エペソ人への手紙 2章10節

ב

2

生きる姿勢について

016

יו

何の奴隷として生きるか

このことを知っておこう。人はみな、何かに心を支配されてしまえば、その支配者の奴隷となる。

そして、人はみな、何かの奴隷として生きている。

あなたの心の深いところで、あなたの行動に決定的な影響を与えているものが、あなたの主人であり、あなたはその奴隷として生きているのだ。

もしも、欲望の奴隷となって生きているとすれば、あなたは身を滅ぼすだろう。

しかし、心に響く良心の声に従えば、つまり自分の中の良心の奴隷となれば、豊かな実りある人生が、あなたを待っているだろう。

ローマ人への手紙 6章16節

017

זק

物質の豊かさより心の豊かさを目指せ

収入も少ない。財産もない。生活も楽じゃないし贅沢もできない。しかし、心は上を向き、神に歌い、喜びをもって生きている。そんな人生のほうが、年収が高く、財産もあり、贅沢な暮らしをしていながら、離婚や別居などの家庭崩壊、あるいは仕事や人間関係のストレスで心のバランスを欠いてしまうような問題ばかりの人生よりも、はるかに素晴らしい。

また、毎日ごちそうを食べているにもかかわらず、すさんだ心で身近な人を憎んでいるなら、粗食であっても、心に愛が溢れているほうがはるかにいい。

箴言 15章16〜17節

018

יח

アスリートの精神を見習え

アスリートたちは、力を尽くして走っても、優勝するのはたった一人であることを知っているだろう。

しかも仮に勝利したとしても、その記録はやがては塗り替えられ、忘れられていく。彼らの栄光はほんの一瞬だ。

その一瞬のためにさえ、彼らはあらゆることを自制し訓練を積むのだ。

彼らの生活は目的のために捧げられていると言っていい。

それは、彼らがそこに価値を見い出しているからに他ならない。

あなたもアスリートたちのように、価値ある目標に向かい、賞を得られるように走れ。

私について言えば、決して色褪せることのない栄冠を、神から受けるために全力を尽くしている。

一瞬の栄光のためにあれほどの努力ができる人々がいるのだとしたら、朽ちていくことのない栄冠を得るために走っていると自覚している私たちは、どれほど真剣になるべきだろうかと思う。

だから私は、ゴールがどこだかわからないような走り方はしない。虚しく空を打ち続けるような戦い方もしない。

私はなすべき正しいことができるように、厳しく自分を戒め、自分の体を従わせている。

それは、他の人にどう生きるべきかを伝えておきながら、私自身が失格者になることがないためだ。

コリント人への第1の手紙 9章24〜27節

019

טי

逆境でこそ真価がわかる

どんなに強そうに見えても、苦難や試練に直面したときに、気持ちが落ち込み、腰砕けになっているようでは、あなたは弱い。

本当の強さは、逆境の中でこそ輝き出るものだ。

箴言 24章10節

020

כ

苦しみの中にある人たちを思いなさい

キリストを信じる信仰ゆえに、罪を犯したわけでもないのに、投獄されて苦しんでいる人々がいる。

彼らの苦しみを、自分のこととして思い、心に留めなさい。

そして、それと同じように、この世界で虐げられている人々の状況を、その立場になってよくよく考え理解し、その苦しみを共有し、思いやりを持ちなさい。

ヘブル人への手紙 13章3節

021

כא

和を重んじよ

自分に関する限り、かかわるすべての人との間に平和を保つ努力をしよう。

ローマ人への手紙 12章18節

022

כב

人を恐れない

人を恐れると罠にはまってしまうから気をつけよう。人の顔色をうかがい、びくびくしながら行動していると、その恐れは心の中でどんどん大きくなってしまうものだ。人への恐れから行動したことがよい結果を生むことなどない。

むしろ逆に、本当は安心を得るために行動していたはずなのに、気づけば、心はまるで檻に閉じ込められているかのように不自由になってしまう。

人を恐れる心とは、その人がまるで神のようになっていて、その人にどう思われるかが、自分にとってあまりにも大きなものとなっているいびつな状態だ。

だから、人を恐れてはいけない。

しかし神を信頼する者は、この不健全な、人への恐怖という罠から守られる。どんなときでも、何があっても、自分を守り、自分にとっての最善へと、自分を導いてくれる見えざる手がある、だから安心してよいのだ……そう本気で信じる心があれば、びくびくしながら生きる必要はなくなるのだ。

箴言 29章25節

023

כג

富めるときも、貧しいときも、ぶれずに生きよ

私は、貧しさとはどういうものであるかを知っているし、豊かである生活も知っている。食べるものにさえ事欠く空腹のときも、腹一杯食べられるときも、どのような境遇に置かれようとも、心を守り、なすべき正しいことをし続けられるように願ってきたし、実際に体験をとおして、その秘訣を学んできた。

だからこそ言えるのだが、人間、いざとなったら、どんな状況にも耐えうる力が与えられるものだ。

自分にはとてもできないと思うようなときでも、結果的に、私はそれをすることができたし、その力が与えられたからこそ今がある。

だから確信を持って言うことができる。

生活が苦しくても、予期せぬ災難に直面しても、どんなときでも、自分を強めてくれる力が与えられることを信じて進むなら、必ずその状況を乗り切ることができるのだ。

ピリピ人への手紙 4章12〜13節

024

כד

生き方を変えるとき

人生では生きる方向を変えなければならないときがある。自分の生きてきた道が間違っていたと気づくような大きな過ちを犯したときがそのときだ。

そんなとき、それを悔やんで悲しむだけでは意味がない。大事なのは、ただ悲しむのではなく、変わることだ。

たとえば、ギャンブルでお金を使い果たした人がどんなに後悔しても、今度は女にはまってお金を使い果たしたとしたら、全く意味がない。

痛い目を見たとき、自分の愚かさをとことん自覚し、深い嘆きをもって、「これではダメだ」と気づいた者だけが、本気で生き方の方向を変えようとする。

その人にとっては過ちはなくてはならない尊い体験となり、それを通らなければ、つけることはなかったであろうよい実をならせる。

コリント人への第2の手紙 7章10節

025

כה

苦難を喜べるわけ

苦難のとき、それを喜ぼう。

なぜなら、苦難こそが忍耐を養うのに役に立つからだ。

そして、忍耐は、鍛えられた人格を生み出し、それは、ちょっとのことでは動じることのない強さを生み出す。

そして、その強さこそが、希望を生み出すことを知っているからだ。

ローマ人への手紙 5章3〜4節

026

כו

明日のことを誇るな

ビジョンを持ち、将来のことについて、必ず実現できると信じる心は何よりも大切だ。

だからと言って、まだ起こっていないことについて、あたかもすでにそうなったかのごとくに誇ってはならない。

人生とは不確かなもので、今日一日のうちに、何が起こるかさえ、あなたにはわからないからだ。

必要なのは、地に足をつけて、今できること、なすべきことを、淡々とやることだ。

箴言 27章1節

027

כז

心のおもむくままにではなく知恵によって生きよ

自分の心のおもむくまま、心の命じるままに生きることが正しいのだと信じることほど愚かなことはない。なぜなら心は常に移ろい、一定であることはないからだ。

それなのに、心が命じるままに、そのときの気分や直感をたよりに生きるなら、あなたの生き方は安定を欠き、常に変わりゆく気分に翻弄されることになる。人生を台無しにするような致命的な過ちから身をさけ、どんなときも安定した歩みを望むなら、心の命じるままに生きてはいけない。

そうではなくて知恵を身につけろ。分別をわきまえた者となるために学び、よりよい人生のための賢い選択とは何かを理解している者となるのだ。

人生には心の命じることをやるべきでないとき、逆のことをしたほうがよいときがある。

賢い選択ができるものは、心によらず、知恵によって生きるものなのだ。

箴言 28章26節

028

כח

善を続けよう

いかなる状況にあっても、善意によって行動することに疲れ果ててはいけない。
失望するな。
やり続けるのだ。
時がくれば、必ず報われる。

ガラテヤ人への手紙 6章9節

029

כט

目の前にあるものに感謝の念を持て

自分の生活で、足りないものに目を留めればきりがないし、自分が置かれている環境で、気に入らないことに目を留めればこれもまたきりがない。

そういうマイナスなものに目を留めていると、喜びは失われ、否定的な思いばかりに心を支配されてしまう。

一方、どんな環境でも、それが神からの賜物であると考えれば、おのずと感謝の念もわいてくる。

そもそも私たちは、何一つこの世に持って生まれてこなかった。

何もないところから始めたではないか。

また、この世から去るとき、何一つ持って出ていくこともできない。

だから生活できるだけの衣食があればそれで満足すべきだ。

それそのものが、感謝に尽きないことなのだから。

テモテへの第1の手紙 6章6〜8節

ג

3

人の心について

030

ל

すべては心から生じる

あらゆる努力をし、心が健全な状態であるかをよくよく吟味して、心を守れ。なぜなら、自分の心の状態が、人生のすべてに影響するからだ。わき出る泉が砂漠にさえいのちを生じさせるように、心の健全さは、他者の役に立ち、多くの人から信頼を得る自己矛盾のない豊かな人生を実らせる。

箴言 4章23節

031

לא

地位よりも分別ある心のほうが価値がある

お金がなく、社会的な地位も築きあげていないけれど、分別があり、物事を見定める力がある若者のほうが、人の助言を受けつけなくなった権力者より、よほど人として優れている。

コヘレトの言葉 4章13節

032

לב

病は気から

陽気な心は体を健康にする妙薬だ。
しかし陰気な心は骨まで枯らしてしまう。

箴言 17章22節

033

לב

もともと人の心は偽りに満ちている

人の心というのは、何よりも偽りに満ちていて、それは直らない。

心にあることは常に移ろい、都合によってどう転ぶかわからないのだ。

所詮、人の心はそういうものだということを、はじめから理解しておかないと、過剰に傷ついてしまう。

エレミヤ書 17章9節

034

לד

人は罪を犯したがる生きものである

私は知っている。私の生まれながらの性質の中には、正しいことをしようとする善が宿っていないことを。

私は正しいことをしたいと願うし、神に喜ばれたいと心底願っている。

それなのに、私は、その願いに反することを行ってしまうのだ。

善を行いたいと、心から願いながらも、それとは逆の悪を行ってしまう現実は、一つのことを告げている。

それは、人には、良心に逆らうことを平気でさせようとする罪の性質があるということだ。

私はそれを「罪の原理」と呼んでいる。

つまり私の最も深いところにいる「内なる自分」は、神がお定めになった正しい行動、考え方などの「善のルール」を喜んでいるのに、私の体にはそれとは違うルールがあり、それが、日々私の心に戦いを挑み、結果として私自身を、私の中にある罪のとりこにしているということだ。
人は、たとえそれを望まなくても、悪を行ってしまう。
これこそが罪の原理である。

ローマ人への手紙 7章18〜25節

035

לה

もともと争う欲求を持っている

どうして人は争うのだろう。
それは、人の中にある戦うことへの欲望が原因ではないか。

ヤコブの手紙 4章1節

036

יוֹ

人の心はあてにならない

身分が低く、貧しく、過去に過ちを犯し、鑑別所に入れられていた経験があるような青年が、人の心をつかむ政治家となり、頭が堅くなってしまった時の支配者よりも圧倒的な人気者となり、猫の子までもがこの青年政治家を支持するような、一大ブームとなった社会現象を、私は目撃した。

ところが、この彼も、すぐに支持されなくなってしまうだろう。

民というのは、所詮は自分たちの願いを実現してくれる人だけを求めているのだ。

誰も、すべての人の願いを、同時に満足させることなどできないのだから、民衆の要求するところは果てしない。

なんと虚しいことか。

決して変わることがないものを人の心に求めるなら、それは、まるで風を追うようなものだ。

コヘレトの言葉 4章14～16節

037

זין

人は自己中心的な生きものである

いったい誰に「私は自分の心を清めた。もう私には罪がない」などと言うことができよう。

こんなことを正々堂々と言う人は偽善者だ。

人はみな自己中心で、所詮は自分のことが一番かわいいのだ。

どんな宗教をやっても、どんなに修行をしても、心の中を開いたら、自己中心的な思いが渦巻いているではないか！

箴言 20章9節

038

חלה

やましさは自分を脅かす

心にやましいことがある者は、誰に追われているわけでもなく、追及されているわけでもないのに、何かにつけて逃げ腰で言い訳がましい。

自分の不義が暴かれるのではないかとびくびくしているからだ。

それとは対照的に、良心に責められるところのない潔白な者は、正々堂々としていて揺るがない。

箴言 28章1節

039

טל

心の驕りは顔に出る

高慢な人は、まるで自分が神であるかのごとくに振る舞い、その驚くほどの横柄さは顔にも表れる。

その人の思考の中には、神について思いを留めるスペースはまったくない。

常に自分が一番で、自分の考えがすべてなのだ。

詩篇 10章4節

040

מ

「自分が正しい」と信じる人の心は腐っている

本当の大バカものとは、どういう人のことを言うか教えよう。

それは心の中で「神はいない」と言っている人のことだ。

そういう人にとっては、自分こそがすべてであり、自分が「こうだ」と思うことが絶対的に正しい。

自分が「神はいない」と思えば、そうなのだから、結局のところ、自分こそが最高の意志であり、自分が神なのだ。

悪さをすれば罰が当たるかもしれないという、健全な自己吟味システムから生じる自制心を持ち合わせていないから、結果的にその行動は驚くほど自己中心的で忌まわしい。何が善であるかを考えることさえない。

その心はまさに腐っていると言ってもいいだろう。

詩篇 14章1節

041

מא

心が壊れたらすべてが壊れる

人の心は苦しい病さえをも耐え忍ぶ強さを持っている。
しかし、その心が壊れてしまったら、何を耐えることができようか。
だから心の健康を保つことが何よりも大切なのだ。

箴言 18章14節

042

מב

心を閉ざす人は成長しない

心に壁をつくり、自ら他者との間に溝をほって、自分という小さな世界の中だけで生きている人がいる。

このような人にとっては、自分の感じ方こそがすべてである。

助言を求めて歩き回るが、探しているのは自分の気分に合うことを言ってくれる人であって、それがどんなに優れた助言であっても、気に入らなければ決して従おうとはしない。なぜなら、はじめから聞きたいことは決まっているからだ。

それどころか、自分が期待していた答えではなかったり、自分が変わるべきことを指摘されたりすると、「あの人はわかってくれない」とか、「傷ついた」などと言って、すぐに助言をしてくれた人を非難する。

同情心を買うために、いかに自分が傷ついているかを話して回るのが得意で、決して成長することはない。結局のところ、成長することなど願っておらず、自分の意見を曲げようとはしないのだ。

箴言 18章1～2節

מג

良心が機能しない心は知性を腐らせる

良心が淀みなく機能している人の行動は、基本的に、何をやっても健全だ。著しく、良識を逸脱することはない。

ところが、世の中には、まるで動物かと勘違いするほど、理性は麻痺し、考えることもやることも、すべてが汚れているという人がいる。

そういう人の良心は、神をも恐れぬほど腐敗していて、もはや行動を抑制する機能は働かない。

良心が麻痺した人の知性は腐っていて、その人からは何一つ健全なものは期待できない。

テトスへの手紙 1章15節

ד

4

言葉と行動について

044

מד

行動の基準を設けよ

あなたに成し遂げたいことがあり、それを実現するために努力しているとき、あなたは、自分のしていることがことごとく正しく、目的実現のためには、やらなければならないことなのだと思うはずだ。人の道は自分には正しく見える。

ところが、実際には、やるべきことと、やるべきではないことがある。それをすると自分の心に悪影響が及び、心の状態が健全ではなくなってしまうという類いのことは、やらないほうがいいのだ。

たとえば、本当は悪いと知りながらも、自己正当化し、やってしまったことがあると、それは結果的に自己嫌悪などの悪影響を及ぼす。自分のしたことが、心の状態に悪影響を及ぼすことになるのだとしたら、それはやらないほうがいい。

何をするかよりも、どのような心で生きるかのほうが大事だからだ。

箴言 16章2節

045

מה

バカものと思慮あるものの行動の違い

自分のしていることが悪いとわかっていながら、それをやめず、なんだかんだ言いながら、自己正当化してそれをやり続ける人は、実は、悪事を働くことを楽しんでいるのだ。

そういう人はバカものである。

しかし、それとは対照的に、思慮ある人は、自分の行いが正しいかどうかを吟味できるように、他人からのよい指導を受け容れる。

もらった助言に感謝し、自分が成長していくことの中にこそ楽しみを見つける。

箴言 10章23節

046

מו

愚か者は同じ過ちをくり返す

犬が自分の吐いたものに戻ってきて、それを食べるように、愚か者は同じ過ちを何度でもくり返す。

箴言 26章11節

047

מז

つねに自分に問いかけて行動せよ

社会の流れに呑み込まれてしまってはいけない。

良心にとがめを感じることがあっても、「みんなやってることだからいいや」と妥協してしまうことがないようにしよう。

何がよいことなのかを吟味し、「こんなとき、神はどう思うだろうか」という高い視点を持って行動できるように、日々、心を一新して、新しく始めよう。

ローマ人への手紙 12章2節

048

מח

自分の言葉に忠実に行動せよ

人からよく思ってもらいたいがために、自分のした親切な行為について、聞かれてもいないのに自分から話したがる人が実に多い。

しかし、本当にその言葉どおりの実質をともない、忠実にそれを行い続けている人は、非常に少ない。

誰でも思いつきや気分で、ときどきはいいことができるものだ。

しかし、それをやり続けることが大切ではないか。

自分の親切を人に吹聴する者は、その言葉に忠実であるべきだ。

しかし、どこに忠実な者がいるだろうか。

箴言 20章6節

049

מט

感情をコントロールせよ

自制心を持ち、自分の感情を取り締まれ。
それができない人は、城壁を壊され、押し入られた街のようなものだ。
そこにはもはや、守る力がない。
人は自分の心を守れなくなったとき、敗北するのだ。

箴言 25章28節

050

נ

すぐに腹を立てるな

何か嫌なことを言われて、すぐに腹を立てる者は愚か者である。
しかし侮辱されても気にかけず、いちいち反応しない者は利口である。

箴言 12章16節

051

נא

怒りを制御せよ

怒りの感情に心を支配させてはいけない。

怒りから出てくる行動は、とてつもなく愚かで、冷静さを欠いた悪意に満ちたものである可能性がある。

だから、たとえ怒りがわいたとしても、その怒りに身をまかせ、善悪などどうでもいいと、意図的に悪を行なうことがないように気をつけなさい。

怒りがわくようなことがあったとしても、日が暮れるまで憤ったままでいてはいけない。

エペソ人への手紙 4章26節

052

נב

正しく知る努力をせよ

何かに熱心になることはよいことだが、それについての正しい情報や知識がともなわないのに、ただ熱心なだけなのはよくない。

知識のない熱心さは、多くの場合、性急さにつながるものだ。

気持ちばかりが高ぶって、地に足がついた地道な行動ができないからだ。それはつまずきの原因だ。

何事についても、ただ熱中するのではなく、まずはそれそのものを正しく知り、何をするべきかをしっかりと認識し、正しい努力をしなければいけない。

箴言 19章2節

053

נג

正しい情報に基づいて行動せよ

賢い者は、正しい情報に基づき、行動する。

人からのまた聞きや噂話などによって動じることなく、正しい知識を得ているかを検証するまで、先走った判断もしない。

ところが、思慮深さを身につけていない愚か者は、確かでもない噂を鵜呑みにして、独善的な思い込みによって、軽率な行動をとる。

それは、自分の浅はかさを宣伝する行為に等しい。

しかし、それにさえ気づかないのだから、まさに愚か者である。

箴言 13章16節

054

נד

忍耐強くなれ

事の終わりはその初めに勝り、忍耐はうぬぼれに勝る。

物事というのは、その終わりにならなければ、本当の意味や価値がわかるものではない。

だから、それがどのように始まったかとか、現状がどうなのかなどによって、軽々しく善し悪しを判断してはいけない。

また、今それがうまくいっていても、結末がどうなるかは誰にもわからないのだから、思い上がってもいけない。

よくも悪くも、そのことについて正しく評価するためには、あせって事を決めないという忍耐力が必要だ。

逆に、うまくいっているときには、この先どう転ぶかわからないという慎重さが必要だ。

コヘレトの言葉 7章8節

055

נה

反面教師から学ぼう

賢明な者は、他者が刈り取った悪い結果や、失敗、あるいは降りかかった災難を見て、同じ目に遭わないように対策を講じ、危険を避けるために行動する。

しかし、考えが浅い者は、それらを見ても自分を省みることもせず何もしないから、愚かにも同じことをして、同じ目に遭う。

利口な者は反面教師から学ぶが、愚かな者は何も学ばないのだ。

箴言 22章3節

056

נו

自慢しない

自分は立派で大した人間なのだと勘違いしている人がいたら、その人は自分を欺いている。

なぜなら、誰であっても、みな人には言えない隠された面を持っているし、人知れず行うことの中に、誰にも見られたくない恥ずべきこともあるはずだからだ。

よくよく自分の行動を検証してみなさい。

そうすれば、誇れると思ったものも、あくまでも自分の中だけでのことであって、決して人に対して誇れるようなものではないということに気づくだろう。

ガラテヤ人への手紙 6章3～4節

057

נז

妬まない①

善も悪も関係なく、自分の思ったとおりのことをしている人が成功し、明らかに悪意のある人の計画がうまくいっているのを見ても、心を悩ませてはならない。「なぜあんな奴が」とか「どうして自分じゃないんだ！」などと腹を立てたり、憤ったりしてはいけない。それこそが悪への道だ。

そんな雑念に心を奪われているときこそ、静まって上を見上げよう。

そして祈りをもって、清かなる天の風を感じよう。

心をリセットして、自分の本分に生きることに心を向けよう。

詩篇 37章7～8節

נח

妬まない②

妬みほど人間関係を破壊する有害な感情はない。

妬みのあるところに敵対心が生まれるからだ。

もし、あなたの心に妬みや敵対心があるなら、どんなに学があって、知識が豊富であっても、全く意味がない。

そんな自分を、何か素晴らしい人間であるかのごとくに勘違いしてはいけない。

ヤコブの手紙 3章14節

059

נט

理性的に子どもと接しなさい

親たるもの、子どもの教育においては、筋の通っていないことをガミガミ言ったり、父親と母親が違うことを言ったり、気分次第で感情的になったりして、子どもを混乱させ、怒らせてはならない。

人を育てるためには、気分や都合によってころころと変わるのではなく、子どもが安心して従うことができる規範が必要だ。

だから、その時どきによって矛盾することを言ってしまうことがないように、聖書の言葉によって助言や指導を与え、教育することが望ましい。

エペソ人への手紙6章4節

060

ס

人の話をよく聞きなさい

人の話をよく聞いて、正しく理解してから答えなさい。
相手の言っていることがわからないのに、返事をしたり、わかったふうに振る舞うのは、恥ずかしいことだと気づきなさい。

箴言 18章13節

061

סא

聞くだけでなく実行せよ

ただ聞くだけの人にならないで、聞いたことを実行する人になれ。

どんなにすばらしい教えであっても、実際に行動に移されなければ意味がない。
聖書を信じる者が、聖書の言葉を聞きながら、「聞くだけでいいや」と言うなら、
その人は自分自身を騙していることになる。
大事なのは、実行力だ。

ヤコブの手紙 1章22節

062

סב

プラスの言葉を語ろう

言葉には力がある。
それは、一撃で人を倒すこともできるし、人を励ますこともできる。
だから、有害な言葉を決して口にしてはいけない。
むしろ人を励まし、助けとなることを語り、聞く人の益となるように心がけよう。

エペソ人への手紙 4章29節

063

סג

黙っておくに越したことはない

知恵ある者は、口数が少なく、知識をひけらかすことをしない。しかし、愚かな者は、よく考えもせずべらべらしゃべるので、結果的に墓穴を掘るようなことを言ってしまう。

箴言 10章14節

סד

発言に細心の注意を払え

私たちは、誰もがみな、さまざまな点で失敗するものだ。

ところが、もし言葉で全く失敗しない人がいたら、その人は、その他すべてを完全に制御できるほど完璧な人だと言っても過言ではない。

多くの人が、言葉で失敗するのだ。


馬を御するためには、馬の口にくつわをかけることは知っているだろう？

あの小さな道具が、馬の体全体を操ることができるわけだ。

また、船を見てみよう。

大きな船でさえ、とても小さな舵によって、思いどおりの方向へと持っていかれる。

あるいは山火事のことを思い出してみればいい。

はじめは小さな火が、山全体を燃やしてしまうことがある。

同じように、舌は体の中では小さな器官なのにもかかわらず、不遜にも大きなことを言って誇ったりするのだ。小さな器官が生み出す「尊大な発言」によって、結果的にその人自身が甚大な損害を受ける場合もある。

一人の人の人生が、たった一言の「失言」によって狂ってしまうことだってある。舌というのは本当にやっかいなものだ。

それほど舌を制することは難しいと言えるだろう。

ヤコブの手紙 3章2〜5節

065

סה

誘惑に負けた言い訳をするな

誘惑に遭ったり、人に言えない淫らな関係におびき寄せられそうになったり、あるいは偽りを言ったり、本来なすべきではないことをしたくなってしまったとき、「これは、そうするべきだということなんだよ」とか「こうなる運命だったんだよ」などと言って、あたかもそれが神の思し召しであるかのごとくに開き直ってはならない。

神は悪に誘惑されることはない。ゆえに神なのだ。

人が悪に傾くとき、それはその人の中にある欲が原因だ。

人は欲に引かれ、おびき寄せられて誘惑されるのだ。

もし欲がなければ、誘惑さえ存在しないだろう。

ヤコブの手紙 1章13〜14節

066

סו

陰口を言うな

残念なことだが、多くの人は人の悪口を言うのが大好きだ。

本人がいないところで、「あの人ってさあ」と否定的な話が出てくると、不思議なほど会話がはずむ。

陰口をたたく者が発する言葉は、まるで大好きな食べもののように、聞く人の中に入っていく。

箴言 18章8節

067

סז

品のない話は控えよう

わいせつなことや、愚かな話、あるいは下品な冗談は、健全な心を保つためにふさわしくない。
そのようなことに心を奪われるのではなく、むしろ、日々与えられる恵みに感謝しようではないか。

エペソ人への手紙 5章4節

068

חסמ

はっきり悪事を指摘する

欲と快楽に身をまかせ、人に言えないような行為に耽るのではなく、むしろ、それらの行為が決して健全な実を結ぶものではないことを、他者にははっきりと指摘してあげられる人になりなさい。

エペソ人への手紙 5章11節

069

טס

賢者から知識を聞き出せ

いろいろな経験を積んで齢を重ねた人が心に秘めている考えというのは、多くの教訓に満ちた知恵の宝庫だ。

それが、いかに貴重な財産となり得るかを心得ている者は、経験者の話を積極的に聞き出し、自分の人生に役立てようとする。

その人は、知りたいこと、聞きたいことをわきまえており、それをうまく引き出す質問力と、語られる内容を理解する力を身につけている。

箴言 20章5節

070

ע

学ぶ意欲がなければ意味がない

いくらお金を払って人の講演会や勉強会に参加しても、本当に学ぶ意欲がなければ、それは全くの無駄金だ。

箴言 17章16節

071

עא

親切は自発的にせよ

親切な行いは、無理強いされてやるのではなく、自発的でなければ全く意味がない。

ピレモンへの手紙 1章14節

072

עב

自発的に、できる範囲で寄付をしよう

他者を助けるために施しや寄付をする際、その行為自体や額よりも大事なのは、なぜそれをするのか、という動機である。

そうすべきだと誰かから言われ、嫌々やるのでは全く意味がない。強いられてそれをしても、全く無益だ。

寄付という行為は完全に自発的であるべきで、何の強制もなく心からできる範囲でするべきだ。

そうでなければ、その行為には、心がともなっていないことになる。

心のともなわない見せかけの慈善ほど偽善的なものはない。

だから、問われるのはどのような心の状態でそれをしたかということなのだ。

誰からも強制されることなく、義務感からでもなく、ただ純粋に「喜んで与える心」から出た寄付であるとしたら、それはなんと素晴らしいことだろう。それこそ、神から喜ばれる心と言えないだろうか。

コリント人への第2の手紙 9章7節

073

עג

愛をもって行動せよ

たとえ私が天使の言葉を話す能力を持っていたとしても、愛がないなら、そんなものは、やかましいドラやシンバルと同じだ。

また、たとえ、私に預言する力が与えられていたり、目に見えない世界に通じるあらゆる奥義を身につけていたり、人が知らない多くの不思議を知っていたり、さらには、山を動かすほどの強い信仰を自負していたとしても、そこに愛がないなら、全く何の値打ちもない。

また、たとえ、私が全財産を貧しい人を養うために寄付したり、肉体的な苦痛を耐えたとしても、動機が純粋に愛でなければ、全くの茶番。

ただの自己満足以外の何者でもない。

コリント人への第1の手紙 13章1〜3節

074

עד

社会人としての責任を果たせ

誰に対しても、支払うべきものは支払いなさい。
社会の一員として、なすべき当然の義務を果たしなさい。
税金を支払い、重んじるべき人を重んじ、敬うべき人を敬いなさい。

ローマ人への手紙 13章7節

075

עה

自分のやってきたことはいずれ明らかになる

神の前で隠れることができるものなど何もない。

この世界の一切は、まるではだかのように、すべてが見透かされている。

神とは、すべてを知り極める存在なのだ。

この神の前で、人は、その行動のすべてについて、弁明をしなければならないときがくる。

ヘブル人への手紙 4章13節

ה

5

人間関係について

076

עו

他人は自分を理解することはできない

「自分の気持をわかってくれる人なんていない」と悲観したことがあるかもしれない。

逆に、「どうしてこの喜びがわからないのか」と失望したことがあるかもしれない。

しかし、人が体験してきた苦しみや悲しみ、また喜びでさえ、その本人以外に本当にそれを知ることができる者はいない。

だから、他者が自分を理解してくれないからと言って、過度に落ち込んだり、失望したり、怒ったりするべきではないのだ。

箴言 14章10節

077

עז

愚かな人の生き方をまねするな

「どんな生き方をしていようが、死んだらおしまいなのだから、好きなように生きればいい、自制する必要などないのだ」というようなことを言う人たちもいるだろう。

しかし、そのような考えに揺さぶられてはいけない。

人を惑わすような有害な言葉を語る人々の上には、必ずそれなりの報いがくる。

だから、つきあう人はよくよく選ぶことだ。

間違っても、自分がそのような人と同じようになってしまってはいけない。

エペソ人への手紙 5章6節

078

עח

つきあう友人を選べ

誰と親しくするかは、あなたの人生に必ず影響を与える。

だから、友というのはよく選ばなければならない。

分別を身につけ、良識をわきまえている人と親しくなるなら、あなたはその人からよい影響を受けるだろう。

しかし、愚かで道理をわきまえない者とつきあえば、あなたは必ず悪影響を受け、結果的に自分が損することになるだろう。

箴言 13章20節

079

עט

忠告しがいのある人とそうでない人①

人をバカにする者を注意しても、侮辱され自分がしっぺ返しを受ける。

彼はあなたに感謝するどころか、逆に恨むようになるだろう。

だから、そういう人とはかかわらないほうがいい。

人を教えるとは、時として、言いにくいことも、はっきりと指摘することだ。

しかし、すべての人が耳に痛い言葉を受け容れられるわけではない。

聞きたくない言葉であっても、それを喜んで受け容れる姿勢がある者こそ、知恵ある者と呼ばれるのだ。

彼は理解を深め、成長し、ますますいろいろなことをわきまえるようになる。

箴言 9章7～9節

פ

忠告しがいのある人とそうでない人②

世の中には、悲しいことだが、何に対しても反抗的な人というのがいる。

ただ逆らうことが目的で、正しいことをしようとは思わない人だ。

また、悪意に満ちていて、秩序を乱す。そういう人だ。

このような人たちは、その素行の悪さから、手厳しく戒められることになるだろう。

しかし、実のところ、助言や叱責を無視し、注意されたことを、意図的にやり続けるような曲がった心の持ち主を100回叱責しても、意味がないし危険なことだ。

そんなことをしているよりも、理解力のある良識をわきまえた人を一度注意するほうが有益だし、子どもを奪われた凶暴な雌熊に遭遇するほうが、まだ安全なのだ。

箴言 17章10～12節

פא

うわさ話をする人に用心せよ

うわさ話が好きな人は、根も葉もないことを言いふらす。
しかし信頼に足る人は、うわさ話に蓋をする。

箴言 11章13節

082

כב

耳に痛いことを言ってくれる人とつきあえ①

人に取り入り、友人のように振る舞っているが、実はつきあうべきではない人というのはいるものだ。

その一方で、嫌われることを覚悟の上で本当のことを言ってくれ、家族以上に信頼できる友となりうる人もいる。

この違いをしっかりと見定めて友を選べ。

箴言 18章24節

083

פג

耳に痛いことを言ってくれる人とつきあえ②

私は自分自身についてこう祈っている。

愛情を持って、厳しいことを指摘してくれる人を、拒否するようなことがないようにと。

たとえそれが耳に痛いことであっても、愛と思いやりから指摘してくれることは、私にとっては成長のために必要であり大切なものだ。

それを私が拒否するようなことがないようにと。

拒否することがあるとすれば、それは、心の曲がった者たちの行いであって、私は断固としてそれを拒否し、自分がほんの少しでも、それによって影響されてしまうことがないようにと祈っている。

詩篇141章5節

084

כד

他人をバカにする人の傾向①

人を中傷するために、わざわざいろいろな人のところに行って、第三者が知らなくてもいいことまで言いふらし、あることないこと言って、信頼を裏切る悪意に満ちた輩というのはいるものだ。

こういう者とはつき合うな。

箴言 20章19節

085

פה

他人をバカにする人の傾向②

人をバカにする者は、叱責されることを極度に嫌い、まともな助言をしてくれる人には近づこうともしない。

箴言 15章12節

086

כו

接待を受けるときの心得

あなたが立場や権力のある人から招待され、食事の席に連なるとき、その場の状況を正しく理解して賢く振る舞え。

どんなにごちそうを振る舞われても、ぬか喜びしてばくばくと食べてはならない。その席は、あなたを取り込むための策略であるかもしれないからだ。

豪華な食事の席に慣れていない人は、簡単にその場に圧倒され、接待する者に心がなびいていく。

世の中は権力争いに満ちている。

接待の席は、そもそもが純粋なもてなしではないかもしれない。

そのことを初めから知っておこう。

箴言 23章1～3節

087

פז

けちな人を信用するな

計算高く、けちな人から接待を受けないことだ。「さあ、食べてください」などと口では言っていても、それは本心からの言葉ではないからだ。

彼は、心の中ではしっかりと損得の勘定をしていて、後になって必ず「ごちそうしてやったのに」などと言って、そのときのことを持ち出しては、あなたが自分の思ったとおりにならないことについて非難する。

こんな人から接待を受けるくらいなら、食べたものをはき出すほうがまだよい。あなたの心からの御礼の言葉は、全く無駄なものとなることを覚えておこう。

箴言23章6〜8節

088

פח

自分の非を認めない人は孤立する

自分の非を認めたがらない強情な人は、争いを引き起こし、決まって人を悪く言うので、しまいには親友さえも離れていく。

箴言 16章28節

089

פט

軽々しい行動に気をつけよ

誰かとトラブルになり、頭にきたからといって、すぐに「訴えてやる！」などと息巻く者がいる。

しかし、そんな軽率なことはするな。

後になって、自分の主張が正しくなかったことがわかったらどうするのだ。恥をかくだけではないか。

人間関係で争いごとがおこったとしても、むやみとその人のことを他人に言いふらしたりしてはいけない。

そうでないと、結局は、あなたの言葉の信憑性が疑われ、人格的な信頼は損なわれ、あなたの社会的評判は取り返しのつかないほど悪くなってしまうだけだ。

箴言 25章8～10節

090

צ

相手の言葉に惑わされない

この地上に、善だけを行い、全く罪を犯さない完全なる人は一人もいない。みな、よいところと悪いところがあり、長所も短所も持っている。

ところが、人は評論家のように、他人について語るのが大好きだ。

しかし、人が語る言葉にいちいち心をとめてはならない。

そうでないと、人が自分について何を言っているかを知りたくなり、自分の部下や親しい人が、自分を批判している聞かなくてもいい言葉を聞くことになるかもしれないからだ。


しかし、仮に聞いても、その言葉にさえいちいち反応してはならない。

なぜならあなた自身も、そのときの感情や正しくない情報によって、他人について悪く語ったことがあるはずだからだ。

その言葉が相手の耳に入らなくてよかったと思うような、誤解だったり、事実無根のことだったりしたことがあるだろう。

もし相手がそれを知ってしまったら、あなたとの関係がこじれていたかもしれない。

人が語る言葉ほどあてにならないものはない。

だから、人の言葉を心にとめ、一喜一憂してはならないのだ。

コヘレトの言葉 7章20〜22節

091

צא

自分に関係のない問題に首を突っ込むな

自分には全く関係のない争い事に、むやみと首をつっこみ干渉するのが好きな人がいる。

しかし、それは通りすがりの犬の耳をつかむのと同じようなものだ。

耳などつかまなければ、その犬は何事もなく通り過ぎていく。

しかし耳をつかむとは、なんとバカなことか。

そんなことをしたら、犬は怒って噛みつくに決まっているではないか。

それは何の役にも立たないし、犬にとっても自分にとっても、何一ついいことはない。

他人の問題に首をつっこむお節介はそれと同じことだ。

箴言 26章17節

092

צב

誰に対しても平等であれ

人をえこひいきしてはいけない。

こう言うと「私はえこひいきなどしない」と言う人もいるだろう。

しかし、もしあなたの前に、見るからに服装も立派で、どこからどう見てもお金持ちで有力者に見える人が現れ、同時に、身なりもみすぼらしい貧しい人がやってきたとする。

あなたは、そのとき、双方に対して全く同じ態度で接するだろうか？

お金持ちの人のほうを重要視して「さあさあ、こちらにどうぞ」とよい席に案内し、貧しい人は適当にあしらったりしないだろうか？

明らかに目に見える二人の立場の差ゆえに、あなたのその人に対する態度が少しでも変わろうものなら、あなたは、自分の中で差別をもうけ、不純な動機で人を裁く者になっている。このようなことがあってはならない。

自分の好みや偏見によって、もてなす心や態度が変わらないように気をつけなさい。

ヤコブの手紙 2章1～4節

093

צג

客人は天使だと思いなさい

客人をもてなすことを忘れてはいけない。

旧約聖書に、ある人が旅人たちをもてなし、宿を用意した際、実はその人々が天使だった、という話が記されている。

つまり私たちは、客人がどんな人物であるかを、実のところ知らないということだ。

自分のことばかりに終始していると、他者をもてなす心の余裕さえなくなってしまうから、注意が必要だ。

もしかすると、今日、あなたの家の扉をたたく客人が、神の使いであるかもしれないのだから。

ヘブル人への手紙 13章2節

094

צד

むやみに頼ると痛い目に遭う

大きな試練に直面したり、つらい状況に追い込まれたりして、助けを必要としているとき、誰に助けを求めるかが問題だ。

切羽詰まって、藁をもつかむ思いのときは、助けてくれそうな人なら、誰彼おかまいなしに、頼りたい気になってくる。

ちょっと耳当たりのいいことを言われれば、それまでは自分の悪口や嘘を言いふらしていたような人でさえ、頼りにしてしまう弱さを人は持っている。

しかし、やめておけ。

それは、痛む虫歯で堅い食べものを嚙んだり、折れた足で踏ん張ろうとしたりするようなものだ。

結局は自分だけが痛い目を見ることになる。

箴言25章19節

095

צה

たとえ嫌いな人でも助けよう

あなたのことが嫌いで、あなたを敵視している人が、生活に困るなどの困窮状態に陥り、助けを必要としていることがわかったら、嫌な思いをさせられてきたその人を、助けてあげなさい。

誰であれ、助けることは、神の道に叶っている。

あなたがひたすら正しいことをすればするほど、あなたを敵視しているその人の行いや、心のあり方の間違いだけが浮き彫りになる。

やがてそれは誰の目にも明らかになり、あなたの正しさは証明されるはずだ。

箴言 25章21～22節

096

צו

そのときの可能な限り援助しよう

人を助ける働き、たとえば経済的な支援などを求められた場合、相手がそれを受けて当然の人で、それが自分にできうる範囲のことであるなら、拒否せず援助してあげなさい。

実際に、すぐにでもできることであるのに「また出直してきてくれ」などと言って、いたずらに先延ばししてはならない。

頼られているという立場を利用して、あなたのことを信じきっている人の心をもてあそぶようなことをしてはいけない。

あなたに対して悪事を働いていない人に対して、わけもなく不和の火種になるようなことはしてはならないのだ。

箴言 3章27〜30節

097

צז

嫌われることを恐れるな

人間関係においては、これを言ったら相手は傷つくかもしれないから、言いたくないいな、などと思うことがあるだろう。

しかし、真心からその人のことを思うなら、そういうことを、はっきりと指摘するほうがいい。何も言わずに、それでも「あなたのことを思っている」と言うのは詭弁なのだ。

自分が嫌われないように、耳当たりのよいことばかりを話したり、おごってあげたりしていれば、相手を傷つけることもないだろうし、何も問題はおこらない。

しかし、そんな表面的な行為は、必ずしも思いやりや愛の表れではない。勘違いしてはいけない。相手のことを本気で思うならば、ときとして大切な人であるからこそ、その人を傷つけてしまうということがあるものだ。

見せかけの親しさよりも、愛する者を傷つけるほうが真実なのだ。

箴言27章5〜6節

098

צח

気前よく分け与えよう

自分のパンを水の上に投げておこう。そうすれば、ずっと後になって、そのパンをまたもらうことができる。

つまり、自分の持っているものを、気前よく人々に分けてあげようということだ。

パンを水の上に投げたら、水の中に沈んでしまって食べることもできないし、「もったいない！」と思うだろう。

それと同じように、もったいないと人が思うほどに、気前よく自分のものを分けてあげれば、後々思いがけないときに、よい報いとなって自分に返ってくる。

自分が豊かであるときは、独り占めしないで、7～8人に分けてあげることだ。

そうすれば、いつか自分が災いに遭ってしまったとき、きっとその人たちが助けてくれるだろう。

いつ、どんな災いに遭うか、あなたは知らないのだから。

コヘレトの言葉 11章1～2節

099

צמ

仕返しするな

人から、本当に酷いことをされ、はらわたが煮えくり返るほどの怒りがこみ上げてきたとき、きっとあなたは復讐したいと思うだろうし、相手を酷い目に遭わせてやりたいと思うに違いない。

しかし、そんなときでも、その人に対して悪を働いてはならない。決して復讐などしてはいけない。正しい審判者である神に任せるのだ。

なぜなら、旧約聖書に「復讐は私の仕事だ」と書いてあるではないか。つまり、神だけが、すべての人の行いに応じて、正しく報いを与えることができる唯一の存在だということだ。

人はすべてを知り得ないし、感情は普遍的な基準ではない。激怒して復讐しても、後からそれを後悔するかもしれない。だから一時の怒りの感情にまかせて、はやまったことをしないよう注意しよう。その人には、必ず罰が当たると、神がなすことに任せるほうが、はるかにあなたのためになる。

ローマ人への手紙 12章19節

100

ק

他人を裁かない

自分のことは棚にあげて、他人の行動について軽々しく非難してはいけない。

それは、正しくもない自分を、「正しい」と豪語する愚を露呈しているのだということに気づきなさい。

他者を裁くとき、あなたは、その人の行動が間違っていると、認めていることになる。

ならば、あなたがそれをしても同じだ。それは間違いであり、悪なのだ。

自分だけが例外ということはない。

人はみな五十歩百歩。誰もが同じような間違いを犯す。

人を非難しているあなただって、同じような間違いをいくらでも犯してきたではないか。それなのに、堂々と他者を裁くとは、まるで自分だけは特別な人間で、決して悪を行わないとでも言いたいのだろうか？

それとも、自分だけは何をしても悪くないとでも言うのだろうか？

ローマ人への手紙 2章1節

101

קא

過去を水に流そう

愛のある人は、人の間違いを水に流し、許すことができる。しかし、いつまでも忘れず、同じことを非難し続ける人は、親友までも失ってしまうから、気をつけよう。

箴言 17章9節

102

קב

共感と同情を持つ

喜ぶ者と共に喜び、泣く者と共に泣こう。

ローマ人への手紙 12章15節

103

קג

人間関係は自分の心次第

人間関係とは難しいものだ。

良好な関係を維持するためには、何よりも自分の心をよく見張り、他者に対する苦い思いが芽を出さないように気をつけることだ。

他人に対して抱いている否定的な想いは、人間関係を破壊する力を持っている。

ヘブル人への手紙 12章15節

104

קד

驚くほどのバカものとは

大バカものを臼にいれ、麦といっしょに杵でついても、その愚かさは剥がれ落ちない。

驚くことに、それほどの大バカものというのが、この世の中にはいるものだ。

箴言27章22節

105

קה

和をもって尊しとなす

あらゆる努力をして、すべての人と和を保て。

そのためには、自ら進んで平和をつくりだす者となれ。

和は、ただ黙っているだけではやってこない。

自ら和をつくりだそうと努力する人の回りに実現するのだ。

和をつくりだすためには、まず何よりも、自分の内面が純粋であることを追い求めなければならない。

邪念に満ちている人の回りに、和が保たれるわけがない。

和を求めるとは、敵意を捨てることだ。他者の最善を願う純粋な愛だけがそれを可能にする。

ゆえに、和を求めることは、愛を求めることである。

そして愛を求める心は神を見い出す。

なぜなら、神は愛だからだ。

ヘブル人への手紙 12章14節

ו

6

働くことについて

106

קו

アリの勤勉さに学べ

アリは強制的に働かされているわけでもなく、彼らの仕事ぶりを監督し、注意するような上司がいるわけでもない。

しかし、アリたちは夏のうちに食料を確保し、それを蓄えておく。そうしなければ、冬の間に食料が枯渇してしまうからだ。

残念なことに、アリよりもはるかに知恵のあるはずの人間の中に、アリの知恵を見習い、学ばなければならないような人がいる。

彼らは惰眠をむさぼり、無計画にだらだらと生活し、身を入れて働くこともしないのだ。生活は定まらず、行き当たりばったりだから、何かを成し遂げることもない。

結果的に、彼らは乏しさから逃れることはできない。

なんと嘆かわしいことだろうか。

箴言 6章6～11節

107

קז

働かざる者食うべからず①

働きもしないで、他者のものをかすめ取るような生き方をしている者は、困っている人のために施しをすることができるように、自分の手でしっかり仕事をしなさい。

エペソ人への手紙　4章28節

108

קח

働かざる者食うべからず②

私は以前から、働く意志のない者は食べる資格もないという原則を教えてきた。何の仕事もしないで、ただぶらぶらして、それでいて、やることがないから、他人の生活に干渉し、おせっかいばかりやいているような者、だらだらと締まりのない怠惰な生活を送っている者は、まずは働きなさい。

静かに自分の仕事に精を出し、自分で得た収入で食べるのだ。

寄生虫のように生きていてはいけない。

テサロニケ人への第2の手紙 3章10〜12節

109

קט

真に上司を尊敬せよ

どんな仕事であれ、雇われ働いている立場の者たちは、上司を尊敬し、ご機嫌とりのようにうわべだけのやり方ではなく、真心から上司に従い、善意を持って働こう。

それが、すべての労働者が持つべき正しい態度だ。

エペソ人への手紙　6章5〜7節

110

קי

まじめであることが最も尊い

とりたてて目立つこともなく、人から注目されるような存在でもなくても、まじめに働いている人は、偉そうにしていながら食うに困ってる人よりも、はるかに優れている。

箴言 12章9節

קיא

忠実な人と口先だけの人を見極めよ

忠実に働いてくれる人は、雇い主にとっては、真夏の暑い日の氷のような存在だ。主人に癒しを与え、心を生き返らせてくれる。

しかし、口では「今度はこれをやります」などと言って、周りの人を期待させておきながら、結局やらない人は、干ばつの土地を横切る雨を一滴も降らせない雲のようなものだ。

箴言 25章13〜14節

112

קיב

怠けぐせのあるものは苛立たしい

酢をそのまま飲むと歯が浮いて痛い。
煙は目にしみる。
怠け癖のある者は、雇い主にとっては、まさに歯に酢、目に煙のような存在だ。

箴言 10章26節

113

קיג

怠ける者は言い訳ばかりする

働く意欲がない怠け者は、なんだかんだ言い訳をつけて仕事に行かない。次から次へと違う言い訳が飛び出し、しまいには「外にライオンがいて殺されるから危なくて出られない」などと、バカげたことを言い出すようになるから日も当てられない。

箴言 22章13節

114

קיד

怠け者に限って理屈をこねる

扉はちょうつがいによって回転する。

それと同じように、怠け者は寝床の上で転がっている。

そればかりか、皿を口に運ぶことさえ面倒がる。

しかし、理屈だけはいっぱしで、聞いたふうな口をきく。

自分の行動には理由があって、思慮深く語る知恵ある者7人よりも自分のほうが賢いと勘違いしているから、どうにもならない。

箴言 26章14〜16節

115

קיה

泡銭は財産にならない

賭けごとや不正によって得たお金は、あっという間になくなってしまうものだ。しかし、こつこつ働いてお金を貯める者は、自分の財産を増していく。

箴言 13章11節

116

קיו

面倒なことを進んでやりなさい

牛がいなければ飼い葉桶の掃除をする必要もない。しかし、牛のおかげで、一人だけでやる以上の収穫を得ることができる。

それと同じように、自分の働きにより多くの結果を期待するなら、飼い葉桶の掃除のように、面倒な仕事もおのずと増えるものだ。

だが、その面倒な仕事をしなければ、一人でできることは、たかが知れている。

誰も一人では生きられない。

他者の協力が必要だし、何か達成したいことがあるとすれば、なおさら多くの人の助けが必要だ。

ところが、人がかかわればかかわるほど、気を遣わなければならないことや、面倒なことは増えるものだ。

その面倒なことを進んでやることなくして、願っている結果に近づくことはない。

誰もが自分のやりたいことだけに集中したいだろう。
しかし、あなたが成長することを願い、多くの実をつける人生を期待するなら、
飼い葉桶の掃除、すなわち面倒な仕事を、喜んでやる人になることだ。

箴言 14章4節

117

קיז

一人で抱え込まないこと

計画やプロジェクトというものは、よい意見を出してくれる多くの人たちの優れた助言によって成功するものだ。

一人の力や思い込みで事をなそうとしても失敗する。

箴言 15章22節

118

קיח

虚しく働くのをやめる

一人の男がいた。ひとりぼっちで、家庭も子どもも兄弟もいない。しかし、あくせくと体を酷使して働き続け、その目は富に飽くことがない。彼は立ち止まって、「俺は一体誰のために苦労しているのだろう。何の楽しみもない。誰を幸福にするために自分を犠牲にしているのだろう?」と自問することさえしない。

自分以外の人のために生きるという目的もなく、自分がなぜ、そこまでしているのかを考えることもない。これほど、虚しいことはない。

コヘレトの言葉 4章7〜8節

119

קוט

そのときにふさわしい仕事をせよ

差し迫った必要を満たすために「正しく」働くことは、自分がやりたいことをやるよりも、大切なことだ。

誰もが正しい仕事とは何かを理解しなければならない。

自分がやりたいと思うことが、そのとき、必ずしも必要なことではないからだ。たとえば自分の妻が貯金を切り崩し、苦労しながら何とか生活を支えているようなとき、仕事を選り好みして、結局は条件の悪い仕事に就き、「この仕事が自分に合っているんだ」などと平気で言うなら、これほど不毛なことはない。

テトスへの手紙 3章14節

7

リーダーシップについて

120

קכ

優秀なリーダーの条件

リーダーとはこういう人でなければならない。

社会的に非難されるところがなく、妻との関係が良好で、威厳を保ち、厳しく子どもをしつけ、女遊びをしない者。すなわち、家庭の秩序を保っている者だ。

そして、慎み深く行動し、品位がある者。

また、人に関心があり、もてなす心がある者。

言うまでもなく、他者を教える能力もなければならない。

酒に溺れず、暴力を振るわず、落ちつきがあり、ケンカ好きでない者。

そしてお金に対して無欲な者である。

テモテへの第1の手紙 3章2〜4節

121

קכא

リーダーの心得

人の上に立つ者たち。

自分に割り当てられた人々を、自分の所有物のように扱ってはいけない。決して支配するのではなく、羊飼いが羊を養い育てるように大切にし、心を込めて指導しなさい。

中にはいろいろなタイプの人がいるだろう。決して馬が合うタイプの人ばかりではない。しかし、嫌々やるのではなく、自ら進んでそれをしなさい。

また、自分の利益を求める心からではなく、良心に責められることがないように高い倫理観を持ち、人々の模範となることを心がけなさい。

ペテロ第1の手紙 5章2～3節

122

קכב

つねに模範的な存在を目指せ

リーダーたるもの、まずは自分自身が模範となって、あるべき姿を見せるようにしなければならない。

部下を教えるときには、私利私欲を混ぜることなく、威厳を保ち、非難されることがない健全かつ適切な言葉を用いるようにすることだ。

そうすれば、敵対している人でさえ、あなたについて悪く言うことができずに、自分自身を省みて恥じ入ることになるだろう。

テトスへの手紙 2章7～8節

123

קכג

よいリーダーは「ほどほど」を心得ている

蜂蜜は体にいいものだが、あまりにも食べ過ぎるのはよくない。

それと同じように、褒め言葉は人を成長させるし、必要なものだが、褒めすぎるのはかえってよくない。

何事でも、ほどほどがいい。

箴言 25章27節

124

קכד

観察する人であれ

一見して人当たりがよく笑顔で振る舞っていても、心に憎しみを秘めている人がいる。親への憎しみや他人への憎しみ、あるいは社会への憎しみなど、憎しみにもいろいろあるが、憎しみは人の行動に悪い影響を及ぼすものだ。

憎しみを抱いている人は、その憎しみを晴らすために、いとも簡単に常識的なマナーやルールを逸脱するような行為をしてしまう可能性があるし、あるいは意図的に復讐を企てることもある。復讐心から出てくる行動は常に破壊的だし、そこに善意はない。憎しみの心には悪が潜んでいると言ってもいいだろう。

あなたの前で笑顔でいるからといって、その笑顔が本物であるとは限らない。日頃はそんなそぶりも見せず、うまく隠している人でも、憎しみのような強い否定的な感情は、他者とのかかわりの中で必ず外に現れるものだ。

だから、よく観察しなさい。

その人が、人々とどうかかわり、どう振る舞っているかに注目することだ。

箴言 26章26節

125

קכה

成長しない人とかかわるな

その人の成長を願い、思いやりを持って話しかけ、時間を割いていくら親切に助言しても、そのことの価値がわからず、忠告をさげすみ、指導の言葉を軽んじる愚かな人がいる。

こういう人は成長しない。

誰かに気にかけてもらい、時間を割いてもらうことの価値がわからない人のために、二度と話しかける必要はない。

それは時間の無駄というものだ。

箴言　23章9節

126

קכו

人の心を奮い立たせる役割

私はすでに年老いて、この世を去るときが近づきつつあると自覚している。

しかし、生きている間は、あなたがたが今まで体験し、学び、得てきたこと、そして知っているはずのことで、決して忘れてはならない大切なことについて思い起こさせて、あなたがたの心を奮い立たせたいと思っている。

それこそが私のなすべきつとめであると理解している。

ペテロ第2の手紙 1章13節

127

קכז

年長者に教えるべきこと

指導者の仕事は、多くの人にとって有益なことを教えることだ。年下の人だけでなく、自分よりもはるかに人生経験のある年配の人たちにも、はっきりとした指針をもって教えることができなければいけない。

年長の人々に対しては、穏健で、威厳を保ち、慎み深い生活をし、年を重ねた者にふさわしい強い信念と愛と忍耐において、健全であるように教えなさい。

同じように年配の婦人には、何事にも丁寧で、礼儀正しく立ち居振る舞うように教え、意地悪なことを言ったり大酒を飲んだりせず、よいことを教える者であるように勧めなさい。

そうすれば、彼女たちは若い女性たちのよき模範となり、夫と子どもを愛し、うまく感情をコントロールし、純潔で、家事にも励み、優しく、夫に従順であるように教えることができるようになるからだ。

同じように若い男たちには、思慮深くあるように強く勧めることだ。

テトスへの手紙 2章1～6節

128

קכח

「若いから」と侮られないように努力せよ

若くして人の上に立つ立場にある者は、若いということが理由で軽く見られないように、自分の振る舞いに十分に気を配りなさい。

言葉においても、態度においても、他者への思いやりについても、あるいは、信念に基づいて生きる姿勢についても、性道徳についても、人々の模範となるように心がけなさい。

テモテへの第1の手紙　4章12節

129

קכט

組織の癌を見破れ

組織というものはいろいろな人が集まっている。

表面的にはまじめで、上の人の言うことをよく聞き、学んでいるように見えても、実は分裂や分派を起こそうと画策している人というのがいるものだ。

そういう人たちは、他者に取り入るために、心にもないお世辞を言ったり、おべっかを使い、すぐに人の言うことを信じてしまう純朴な人たちを騙すのが得意だ。

彼らは自分の欲のために行動する人たちだ。

組織の長たるもの、あるいは、リーダーシップを担っている人々は、これらの輩を見破り、決して信頼してはいけない。

ローマ人への手紙 16章17〜18節

130

קל

「リーダーとしての仕事」をせよ

リーダーたるもの、自分の仕事ぶりに関して、人から非難され恥じ入ることのないように努力し、励め。

自分の立場を利用してうまくごまかしたり、手を抜いたりするのではなく、むしろ、神に捧げる奉仕のつもりで取り組むべきだ。

また、言うべきことははっきりと語り、人のご機嫌をとるだけの人になってもいけない。

テモテへの第2の手紙 2章15節

131

קלא

能あるリーダーは議論しない

人を導くべき立場の者は、ちょっとやそっとのことでケンカをするようなことではいけない。

むしろ、すべての人に優しくし、それが誰であっても、怒らずに、教えるべきことを正しく教えられる人でなければならない。

中には、あなたのことが気に入らず、あなたのなすことにいちいち反対したり、妨害したりする人もいるだろう。しかしそういう人たちをも、忍耐強く、柔和な心で指導する者であるべきだ。

テモテへの第2の手紙 2章23～25節

132

קלב

リーダーを支える者の条件

組織において、男であろうが女であろうが、監督者を補佐する立場にある者たちはこういう人でなければならない。

いいかげんではなく、自分の言葉に責任を持ち、その場しのぎの嘘を平気でつくことがない者。酒についてはほどほどで、決して大酒飲みでない者。個人の利益に執着することなく、正しい良心によって信念をしっかり貫くことができる者。また、他者について批判的なことを軽々と口にせず、自分を制することを心得ている者。

何よりも、自分の役割に忠実であることだ。

そして既婚者なら、それらの働きよりも先に、家庭の秩序が保たれていることが求められる。

家庭を治めることができない者が、公の職務で何かできると思ってはならない。

テモテへの第1の手紙 3章8〜12節

133

קלג

教える能力のある者に仕事を委ねよ

組織が理念や価値観を共有しながら成長していくためには、それを伝えるべき人たちが、伝えられるべき事柄を正しく伝達していく必要がある。

そうでなければ、どんなに素晴らしい考えも、価値ある教えも、誰にも伝わらないし、誰もそこから利することはできない。

だから、組織を担うリーダーたちの仕事は、自分の得たこと、学んだことを正しく理解し、内容を変更することなく忠実に、教える力のある者たちを育て、それらの人々に仕事を委ねていくことだ。

テモテへの第2の手紙　2章2節

ח

8

成功について

134

קלד

成功の条件

成功したければ、次のことを心の碑に書き記せ。

何が何でも、奪い取ろうとしないこと。

必要なものは必ず与えられると信じること。

良心に咎められない正しい道に進むこと。

ことがなったときには、自分で勝ち取ったのだと誇るのではなく、それを可能にしてくれたいっさいのものに感謝し、へりくだること。

そうすれば、神からも人からも好意を得て、成功するだろう。

箴言 3章3〜4節

135

קלה

前だけを見よ

どんなときにも前だけを見つめ、後ろを振り返ってはならない。

進もうとしている道、なそうとしていることが、本当に正しいのかどうかしっかりと見極め、そこに一点の曇りもないと言い切れる自分でなければならない。

もしそこに、ほんの少しでも嘘や偽りがあるなら、すみやかにそのやり方を改め、方向を変えるのだ。

箴言 4章25～27節

136

קלו

経済的成功を願う前に身につけるべきこと

ただひたすらに経済的な成功をおさめることにやっきになるより、なすべき正しいことと、そうでないことをわきまえ、どのような順序でことを進めていくことが、よりよい結果に至る道であるかを見極めることだ。

そのための知恵を磨くことのほうがはるかに大切だ。

箴言 16章16節

137

קלז

チャンスは平等に与えられる

私は天の下にある多くのものを見たが、競争は足の速い人が勝つとは限らず、強い人が戦いに勝つとも限らず、生活に困窮しないのは必ずしも頭のよい人でもなく、また人からの好意を受けるのは、博識の結果なのでもないことがわかった。なぜなら、すべての人に同じように時が与えられており、誰もがみな好機と出会うものだからだ。

時とチャンスをどう生かしたかがすべてである。
人間には行動することしかできない。
時間を止めることもできなければ、時計の針を戻すこともできない。
要は、なすべき時に、なすべきことをしたかどうかなのだ。

コヘレトの言葉 9章11節

138

קלח

種を蒔かなければ収穫はできない

風を警戒している人が種を蒔かないように、迫りくるであろう問題やマイナスばかりに目を留めている人は、チャレンジすることをしない。

同じように、雲を見上げて、雨が降るかもしれないとひるんでいる人は、収穫もしない。

起こるであろう問題に目を留めていれば、結局何も得ることもなく終わってしまう。

コヘレトの言葉 11章4節

139

קלט

とにかくできることを始めよう

成功というのは、いつどんな形でやってくるかわからない。

何が芽を出すかもわからない。

だから朝のうちに、できることをやり、夕方にも気を抜かず、思いつくことをやってみるのだ。

二つとも同じように、うまくいくかもしれないではないか。

コヘレトの言葉 11章6節

140

קמ

目的達成のために払う犠牲を恐れるな

種を蒔くとき、蒔いたら種がなくなってしまうから「もったいない」と、蒔くことを惜しみ、少ししか蒔かなかったらどうなるだろう。

当然のことながら、少しの収穫しか得られない。

しかし、蒔くことを惜しまずに、多く蒔けば蒔くほど、多くの収穫を期待できる。

それと同じように、どんなことであっても、期待している結果があるなら、それを収穫するためには、自ら進んで、そのために「犠牲を払う」という種を蒔かなければならない。

たとえば、その犠牲というのは、生活習慣を変えなければならないということかもしれない。

たとえばそれは、自分のやりたいことができないことであるかもしれない。

あるいは、まず先に、経済的な投資をしなければならないことであるかもしれない。

しかし、期待している結果があるにもかかわらず、そのための犠牲を惜しむなら、期待どおりの結果を得ることはできないだろう。

ここに大事な原則がある。

豊かな収穫を期待するなら、多くの犠牲を払うことを惜しんではならないということだ。

豊かに蒔けば、豊かに刈り取れるのだ。

コリント人への第2の手紙 9章6節

141

קמא

財産を突然を失うこともある

この世の中には痛ましいことがある。その一つは、築き上げてきた富を、突如失うことがあるという現実だ。富を得るために力を尽くしてきた人のその財産が、その本人を守ることはできないという不条理だ。

せっかく築き上げたものが災害で失われてしまい、家族のために何もしてやることができないような不幸な状況に陥ってしまうことは、実際に起こる。

いざというときに、自分の所有しているものが、自分や家族を守らないのだとしたら、そのための労苦にいったいどんな意味があるのだろう。

しかも本人は、死ぬときには、何一つその手に携えていくことはできない。

全く痛ましいことだ。

この世に生まれ出てきたときと同じようにして去っていく……。

富に過剰な信頼を置き、それを増やそうと必死になることは、風を追うようなもので、虚しいことだ。

コヘレトの言葉　5章13節～16節

142

קמב

勤勉であれ

何らかの計画を持ち、それを成し遂げたいと願うなら、勤勉であれ。

コツコツと同じことをやり続ける態度を継続できる人でなければならない。

これは基本的に身につけておかなければならない成功のための資質だ。

その姿勢を失うことなく、事に当たるなら、その計画は必ずよい結果をもたらすだろう。

しかし、結果だけを急ぎ、浮き足立ち、いたずらに早くことを進めようとする人は、欠損を招くだろう。

箴言 21章5節

143

קמג

胸を張れる手段を選びなさい

儲けるためなら、どんなことをやってもいいという利益至上主義に陥ってはならない。

不正な方法で得た利益よりも、道義的責任を果たし、健全なる商いによって得たわずかな利益のほうが、はるかに価値があるのだ。

箴言 16章8節

144

קמד

驕り高ぶれば失敗する

成功したいなら、よく覚えておくがいい。
うぬぼれは、身の破滅に先立つしるしであり、心の高慢は失敗への道だという
ことを。

箴言 16章18節

145

קמה

満たされた心で生きること

願いごとや欲望はいっぱしに持っているが、そのために何かをするということがない、という人がいる。

彼は何もしないから、結果的に何も得ることはないし、充実感とは無縁の生活を送っている。だから、さらにやる気もおこらず何もしない。

こういう人を怠け者と言う。怠け者に人生はほほえまない。

しかし、自分の願っていることの実現のためにコツコツと、できることをやり続ける人がいる。彼は自分が進むべき方向を知っているし、そのためになすべきことも知っている。そして、そのなすべきことをしていることを自覚しているから、心も充実している。彼は勤勉な人と呼ばれる。

人は精神的な生きものだから、満たされた心で生きていることこそが、成功のための欠くことのできない条件だ。

だから、勤勉な人はすでに成功しているのと同じなのだ。

箴言 13章4節

146

קמו

成功とは当然の結果である

農業では、田植えよりも前に、土をつくることが何よりも大切だ。

よい作物はよい土壌に実るからだ。

種を蒔くシーズンがくる前に、何も植えずに、土を掘り返し、耕す仕事をくり返す。

ところが、それを面倒がって、よい土壌をつくることなく種を蒔いてしまう者がいる。そういう者は、結果的に収穫のシーズンがきても、願っているものは刈り取れない。

途中で枯れてしまい、大失敗に終わるからだ。

成功とは、まさにこれと同じで、なすべきことを、面倒がらずにやった者だけが手にすることができる当然の結果のことを言う。

箴言 20章4節

147

קמז

天にまかせよ

人の心には多くの願いごとがあり、やりたいことや、計画もたくさんある。

人とは欲深いもので、それが、どうしても実現したいことであればあるほど、絶対にそれは起こらなければいけないと思い込む。

しかし最終的に、それが実現するかどうかは、自分にかかっているのではない。

人は未来を支配できない。

究極的に、すべては神にかかっている。

だから、未来を握ろうとしてはいけない。常に手を放せ。

願いを持ち努力することは素晴らしいし、そうでなければ何事も達成できない。

しかし、努力し力を注いだことが必ず実現するとはかぎらない。究極的には、人の思いを超えた高い意志に沿ったことだけがなる。

だからそれがなったとしたら、それが天命であり、ならなかったとしたら、それもまた天命なのだ。

箴言 19章21節

148

קמח

快楽と酒と贅沢を遠ざけよ

快楽を愛し、遊ぶことばかり考えていれば、必ず貧しくなる。
また、酒が大好きで贅沢をしたがれば、経済的に豊かになることはない。
あればあるほど使ってしまうからだ。

箴言 21章17節

149

קמט

お金を目的にするな

ただ金持ちになることが目的であってはならない。

そのためだけに労することがいかに虚しいかを悟り、そのような生き方を、今すぐにやめるのだ。

お金というものは、あなたがそれに目を留めると、もうないではないか。

富というものは、羽をつけて、鷲のように飛び去ってしまうものなのだ。

箴言 23章4～5節

150

קנ

ものごとには順序がある

やたらとマイホームをほしがる人がいるが、まずは、外での自分の仕事に身を入れ、それを確かなものとしてから、家のことを考えなさい。

ものごとには、それにふさわしい順序というものがある。

箴言 24章27節

151

קנא

今を基準にして目標に向かえ

私は、自分がすでにすべてを成し遂げ、目標に到達してしまったなどとは考えてはいない。

ただ私は、一つのことに全力を注いでいる。

それは、よいことも悪いことも含めて過去を忘れ、前にあるものに向かってひたむきに前進し、ついにゴールに到達したときに神から与えられる栄冠を目指して努力し、一心に走っているのだ。

あなたが成熟した大人なら、これと同じ考え方をしなさい。

そして大事なのは、すでに到達したところよりも、前に戻らないようにすることだ。

常に、今ある場所を基準にし、そこから前に進んでいくべきなのだ。

ピリピ人への手紙 3章13〜16節

ט

9

人生について

152

קנב

人の一生は儚い

人の一生などは、まるで草のようで、その栄えは野に咲く花のようだ。

風が吹きつけると、吹き飛ばされてなくなり、その場所に聞いても、どこに行ってしまったのかを知らない。

人とはなんと儚い存在だろうか。

今は活躍している人も、忘れ去られてしまうときがくる。

しかし、神の恵みはいつまでも変わることなく、神を恐れる者の上にある。

すべてが移ろっていく中で、これだけは決して変わることがない。

詩篇103編15～18節

153

קנג

いい道も悪い道もあることを知っておこう

自分にとっては最善の道だと思えるものが、実は最悪の結果に至る道であるかもしれない。

自分には進むべき道のように見えても、それは誘惑の道であるかもしれない。

これだと思って突き進んだ結果、暗闇に墜ちていってしまうかもしれない。

人生には、自分の思いとは裏腹に、全く逆の結末へとあなたを導く可能性のある道がある。それを知ることが、思慮深い選択のための鍵である。

箴言 16章25節

154

קנד

すべてを楽しむ権利がある

与えられたいのちのある限り、天の下でおこるさまざまなできごとの中で、そこに幸せを見つけ、食べたり、飲んだりしながら生活を満喫することこそ、人が受ける「分」なのだ。

不条理と虚しさが満ちる世の中で、すべての人は、それでも自分の働きを楽しむことが許されていて、自分が得たものによって充実した人生を歩むことができる。

これこそ、神が許し与えてくれた賜物である。

コヘレトの言葉 5章18〜19節

155

קנה

若くしてしたことに責任をとれ

若い人たちは、若さがあるうちに大いにそれを楽しむがいい。

自分のしたいこと、願っていることを躊躇なくしたらよい。

しかし、自分のしたことのすべてにおいて、いつか神の前に立ち、申し開きをしなければならないときがくる。

それだけを知っておきなさい。

コヘレトの言葉 11章9節

156

קנו

極端に生きるな

人生というのは不条理に満ちている。

なぜこんなに正しくてよい人が早くに死んでしまうのか、と思うことがある。逆に、なぜこんな悪人が長生きしているのかと思うこともある。

このようなことがなぜ起こるのかは、人にはわからない。いくら考えても答えは出ない。それは人の思いを超えているものだ。わからないことは、わからないことにしておけばいい。

ところが、人には理解できない秘めごとのすべてを、知り尽くさなければ気が済まないという探求心に取りつかれてしまう人がいる。これは決して健全なものではない。

その欲求は満たされることはなく、これにはまると、精神の崩壊を招き自滅する。死に急いではならない。

不条理のすべてに解決を見い出すべきだと考えるほど、「正しい人」になってはいけない。

また、人の思いを超えている営みのすべてについて、なぜそれが起こるのかとこだわるほどの知恵がありすぎてもならない。

一方、答えが出ないジレンマの中で、投げやりになり、健全な探求心や、正しく生きようとする意欲を失い「どうでもよい」と善にも悪にも無頓着になるほど「愚かすぎる」のもいけない。

賢すぎても、愚かすぎてもいけない。

正しすぎても、悪すぎてもいけない。

この両極端な生き方をさけなさい。

しかし、すべてを知り極める神を知る者は、このどちらにもはまらない。

解決できない問題の中で、板挟みになることもなく、悩みすぎることもなく、自暴自棄にもなることはない。

ただ、神を信頼することに安らうからだ。

コヘレトの言葉 7章15〜18節

157

קנז

人生はその人のものでしかない

人は誰もがみな欠点や悩みごとを背負って生きている。

それについて、向き合い、改善につとめ、責任をとるべきはその人であって、ほかの誰も代わりに背負うことはできない。

別の言い方をすれば、あなたは、自分の負うべき自分のことに一生懸命になればいいのであって、他人の欠点を批判したり、無理に何かをさせたりして、その人の肩に重たい荷物を乗せるようなことはするなということだ。

人には、それぞれに、負うべき重荷がある。

人の人生は、その人のものなのだから。

ガラテヤ人への手紙 6章5節

158

קנח

今日という日を無駄にするな

明日が当たり前にくると思っている人がいるかもしれない。

しかし、明日がくる保証はどこにもない。

今と同じように、すべてが続くと思っていると、突然、死があなたを襲うかもしれない。

だから、「今日」という日があるうちに、お互いに励まし合って、罪や誘惑にはまることなく、人生の祝福を満喫できる道を歩き続けられるようにしよう。

一日たりとも無駄にすることなく、その日を最高に生きよう。

ヘブル人への手紙 3章13節

159

קנט

原因と結果の法則

生きることについて、根本的な思い違いをしてはいけない。人は、種を蒔けば必ずその結果を刈り取ることになるのだ。つまり、原因があって結果がある。

これこそ神が定めた宇宙の法則だ。

もしあなたが、常日頃から、自分の刹那的な欲望を満たすために行動しているなら、その結果、強い自制心によって情欲を取り締まる意思の強い人になるわけがない。

結果は全くその逆で、欲に溺れて自滅の道をたどるのがおちだ。

しかし、日頃から、欲を制し、良心のとがめを感じることのない行動を積み上げている人は、自制心や忍耐力を身につけた人となる。

これこそ、社会的に信頼されうる人物となるための土台だし、豊かな実りある人生を期待できる人の条件である。

ガラテヤ人への手紙 6章7～8節

160

קם

今できることに全力を尽くせ

順境の日にはうまくいっていることを喜び、逆境の日には、その中から学ぶべきことや反省するべきことに目を留めよ。

どちらも、神が許して起こること。

しかし、明日がどちらに転ぶかは誰にもわからない。

だから、驕らず、しかし悲観もせず、今できることに全力を尽くそう。

コヘレトの言葉 7章14節

161

קסא

お金がすべてではない

何が何でも金持ちになることがすべてだと思っている人は、誘惑と、落とし穴と、人を破滅に追いやる有害な欲のとりこになってしまいやすい。

お金を何よりも重視し、お金がすべてだと思うことは、あらゆる悪の根なのだ。

テモテへの第1の手紙 6章9～10節

営みは変わらない

空の空。すべては空。空しい。すべてが空しい。

この天の下、人は必死にもがき労苦しながら生きている。しかしそれだけの人生なら、いったいそれが何になるというのだ。

一つの時代は去り、また次の時代がくる。

しかしそこに生きる人間たちの営みの何が変わったというのだろう。

日は昇り、また沈む。風は南に吹き、あるいは転じて北に吹く。巡り巡って風は吹く。川は海に流れ込む。しかし海は決して満ちることがなく、巡り巡ってまた元の川へ戻っていく。

昔あったことは、これからもある。歴史はくり返されるのだ。

それを知りながら、人の目は何を見ても飽くことを知らず、耳は何を聞いても満ち足りない。過去や歴史から学ぶことのない人間の営みは連綿と続く。

なんと空しいことだろう。

コヘレトの言葉 1章2〜9節

163

קסג

未来を決めることはできない

人生には保証などは一つもない。明日必ず生きているという保証さえない。人は未来を決められない。いくら努力しても、それが未来への保証となるわけではない。人生に、確かなものは一つもないのだ。

突如、災難があなたを襲い、あなたは死ぬかもしれないのだ。

一寸先のことでさえ、自分で支配することはできないのだから、人は、自分で生きているのではなく、生かされているのだと気づくべきだ。

人生とは、自分のやりたいことをやるための舞台なのではなく、生かされている目的を実現する旅路なのだから。

予期せぬできごとが思わぬ可能性の扉を開いたり、ひどい失敗がその人の才能を開花させたりして、結果的に、自分が計画もしていなかった人生を歩んでいるということがどれだけあるだろう。しかし、それこそがその人の本分だったということが。

人は、転んだり、失敗したりすることで、生かされている目的に近づいていく。

その歩みは予測不可能だ。

自分の行く末をすべて知っている人は一人もいない。

やりたくもない嫌なことが、あなたをベストな場所に導く機会になるかもしれない。仕方なく始めた仕事が大成功につながるかもしれない。

実のところ、あなたがそのときに「何をしたいか」という欲求は、自分にとって最善の道を選ぶための妨げになるかもしれないのだ。

だから気づこう。人の歩みは、いのちと目的の与え手であり、偉大なる演出家である神によって定められているのであって、人の理解をはるかに超えているのだと。

だから、自分の人生が自分の思ったとおりになるべきだと考えるのはやめよう。

それは勘違いだし、むしろ、そう考えることは、あなたにとっての最高の道からあなたを遠ざけてしまう最悪の結果を招くことになるかもしれないのだ。

やりたいことをやったとしても、生かされている目的を実現できなかったら、その人生に何の価値があるというのだろう。

箴言 20章24節

164

קסד

この世に渦巻く悪に巻き込まれるな

私は、世界中に虐げられている人たちがいるのを見た。

彼らを助ける者はなく、無数に流れる涙を見た。

そこには、弱い者たちを虐げる権力の構造があるのを見た。

私は、すでに死んでしまった人にお祝いの言葉を贈りたいと思ったほどだ。

一番の幸せ者は、この地上に生まれてこなかった人だとさえ思った。この世界にはびこる悪を一度も見たことがないのだから、なんて幸せ者なのだろうと。

私は、人が体験するあらゆる労苦と、成し遂げられた多くの業を見たが、そこにあるのは、結局のところ人間同士の妬みにすぎない。

妬む心が悪や成功の原動力なのだ。なんと虚しいことか。

コヘレトの言葉 4章1〜4節

165

קסה

昔も今も同じ

「昔はよかったな」などと言ってはいけない。
このように言うのは、くり返されてきた人間の歴史を知らぬ無知をさらすことだ。
人の営みは、昔も今も大差ない。
古いものへの郷愁よりも、未来への希望で生きよ。

コヘレトの言葉 7章10節

166

קסו

死から生を学べ

新しい命が誕生すれば、そこにはお祝いがあるし、人々の笑顔がある。

誰かの誕生を祝うことはうれしいことだし、それは悪いことでもなんでもない。

しかし、人はそこから、生まれた人についての人生を学ぶ機会を得ることはない。

その人の生きた人生はまだ始まっていないのだから当然だ。

ところが、喪中の家に行ったり、葬式に参列したりするとどうだろう。

そこにあるのは悲しみであり、涙であって、笑顔も喜びもない。

しかし、実はそこにこそ多くの学びがある。

死に際して、人々は死んでいったその人について思いを馳せ、生前その人が何をしたかを考える。その人の評判がよければ、それは死してなお、他者へのよい影響として残り、人々に自分もこうなりたいと思わせるものとなる。

よい評判は、どんな高価な香水よりも勝っているものだ。

香水の香しさは、どんなに麗しくても一時しか続かない。

しかし、人の生き様による名声は、本人がこの世を去ってもなお香しさを残す。

逆に評判が悪ければ、それを聞いた人々は、自分の生き方を反省するかもしれない。

どちらにしても、生前の評判によって、人は自分の身の振りを考える。

死は、自分の人生や生き方を自問する学習の場なのだ。

だから、悲しみは笑いに勝り、顔がくもるようなできごとの中で、人の心はよくなっていく。

知恵ある者の心は悲しみの家にあり、愚かな者の心は楽しみだけを求める。

コヘレトの言葉 7章1〜4節

167

קסז

すべてに時がある

天の下では、何事にも定まった時期があり、人の営みのすべてに時がある。
生まれるのに時があり、死ぬのにも時がある。
植えるのに時があり、引き抜くのに時がある。
殺すのに時があり、癒すのに時がある。
崩すのに時があり、建てるのに時がある。
泣くのに時があり、笑うのに時がある。
嘆くのに時があり、踊るのに時がある。
街を建てるために石をばらまくのに時があり、石を集めるのに時がある。
探すのに時があり、あきらめるのに時がある。
保つのに時があり、捨てるのに時がある。
引き裂くのに時があり、縫い合わせるのに時がある。
黙るのに時があり、話すのに時がある。
愛するのに時があり、憎むのに時がある。

戦争にも時があり、和平にも時がある。

働く者が一生懸命に努力しても、人の営みを変えることはできないし、時を支配することはできない。

結局、人にできうる最善は、自分の生きる環境で最善を尽くし、その中で喜びを見い出すことだ。いくら苦労しても、いつ何がおこり、それがなぜなのかを見極めることなど、人間にはできないのだ。

しかし神は、人間に永遠へと思いを馳せる心を与えた。

だから、連綿と続く営みに、自分の知りうる以上の意味と目的があることを、人は信じることができるのだ。

だから、私はこう言おう。神のなさることはすべて時にかなって美しいと。

私は知った。時を超えた存在である神の業は永遠に変わらず、人にはそれに付け加えることも、取り去ることもできないのだと。

それが人間と神とを隔てる決定的な違いなのだ。

だから人は神を敬わなければならない。

コヘレトの言葉　3章1〜14節

168

קסח

虚しく年をとらないために若いときに知るべきこと

あなたの若い日に、あなたのデザイナーを覚え、自分が神の作品であることを心に刻め。

老人になり、もう自分には何の喜びもないと、嘆く日がくる前に。

視力が弱り、目がかすんで月や星もよく見えなくなってしまう前に。

やがて、人は誰もみな年老いて、手足が震え、背筋は曲がる。

歯も抜け落ちて堅いものも嚙めなくなり、目も見えなくなってくる。

眠りたくても、朝早くに目が覚めてしまうが、耳が遠くて鳥のさえずりも聞こえない。

歯がないから食べることもままならず、話す声もしわがれる。

体力は衰え、坂道を見ただけで気持がなえてしまう白髪だらけの老人となり、のろのろと歩き、性欲すら失せて、死へ近づいて歩いていく。

あなたの死期の迫ったことを知った人々は、まだあなたが生きているときから、あなたの死を嘆く。

こうしてついに、あなたの人生は終わりを告げ、あなたはこの世から去っていくことになる。


人の肉体は地の塵と化し、人の霊はこれを授けた神へと帰る。

もし神を知らず、ただ労苦して、死を迎えるだけなのだとしたら、なんとすべてが虚しいことか。

空の空。伝道者は言う。

すべては虚しいと。

コヘレトの言葉 12章1〜8節

169

קסט

耐えられない試練はない

もしあなたが、試練の中にあるなら、大事なことを言おう。

あなたが直面している試練は、どれもみな特別なものではないということだ。

たとえそれが、あなたにとっては、とてつもなく大きな山のように見えても、すでにそれを乗り越えた人たちが必ず存在するものだ。

だから別の言い方をすれば、その問題は必ず乗り越えられるということだ。

これこそ、あなたが知るべき素晴らしい知らせだ。

それは乗り越えられるのだ。

神は正しい存在だから、あなたを耐えられない試練に遭わせるようなことは絶対にない。

むしろ耐えることができるように、試練の中にも、必ず脱出の道を用意してくれている。

あなたにまだそれが見えていなくても、それはすでにある。
だから失望することなく、上を見上げて歩いて行こう。

コリント人への第1の手紙 10章13節

ו

10

愛と結婚について

170

קע

二人でいられることを尊ぼう

二人は一人よりもいい。

二人のほうが一人よりもはるかに多くのことができるからだ。

どちらか一人が倒れたら、もう一人が起こしてあげることができる。

倒れても、起こしてくれる人のいないひとりぼっちの人はかわいそうだ。

また、二人が一緒に寝れば、たとえ寒さの中にあっても暖め合える。

しかしたった一人では、それもかなわない。

一人なら負けてしまうようなことがあっても、二人なら立ち向かうことができる。

二人の信じる心が三つ撚りの糸のように強く結び合っていれば、簡単に切れることはないのだ。

コヘレトの言葉 4章9〜12節

171

קעא

関係が長続きする秘訣

二人の者は、仲がよくないのに、いっしょに歩くだろうか。
二人は同意しなければ一緒に歩くことはできない。
何事においても、同意すること。
これが二人の関係が長続きする秘訣だ。

アモス書 3章3節

172

קעב

着飾ることにとらわれすぎるな

あなたが誰かの妻であるなら、大切なこととしてよく聞いてほしい。

女性なら誰もがみな美しくなりたいし、髪型やファッションなどに関心を持っているだろう。それが別に悪いということはない。

けれども、いくらヘアスタイルをきれいにキメて、きらびやかな宝石や流行のファッションで身を飾っても、それらはみな、所詮は外見上のことで、それが内面の実質を表しているわけではない。

とかく女性は、外見を飾ることに一生懸命になりやすいが、そればかりに気をとられていても、二人の関係がうまくいくということはない。

それよりも、むしろ柔和さと穏やかさを持った女性としての品を身につけることのために時間を使うべきだ。

それこそが、二人の関係を長続きさせるための、朽ちていくことのない隠れた飾りなのだから。

ペテロの第1の手紙 3章3～4節

173

קעג

妻は神からの贈りものである

家や財産は親から相続することができるものだ。

しかし分別と配慮のある妻についてはそうはいかない。

法的な権利があるから自動的に相続するというものではない。

時として、ふさわしくないと思うような男にも、すばらしい妻がいて、陰となり日向となり夫を支えていることがある。

まさに、思慮深い妻とは神からの賜物なのだ。

夫たちは妻を大切にしなければならない。

箴言 19章14節

174

קעד

夫を信頼しなさい

昔、アブラハムという偉大な男がいた。彼こそがユダヤ人の始祖である。

彼は行き先を知らずに、神からの命を受け、生まれ故郷から旅立っていった。この旅が、ユダヤ人の歴史の始まりとなったのだから、いかに重要であったかがわかる。

彼は、今も多くの人々から信仰の父と尊敬されているが、しかしその背後には、それを可能にした妻の献身があったのだ。

彼の妻サラは、自分の夫を主と呼び、行き先もわからない旅にも文句を言わずについていき、彼の波瀾万丈の人生を支えた。

アブラハムから、旅立つことを聞かされたとき、サラが感情的になり夫を非難し、あるいは彼の決定に疑問を呈し、結果として、彼が未知の旅に出ていくことをやめてしまっていたら、ユダヤ人国家は存在しなかった。

先が見えない夫のチャレンジについていくことには、不安がともなうだろう。

それでも、妻が夫を信頼し、彼がしようとしていることに従う姿勢を見せることは、夫が社会において、誇りと自信を持ってなすべき仕事をするために、なくてはならない助けなのだ。

ペテロ第一の手紙 3章5〜6節

קעה

妻を女性として扱い、敬いなさい

夫は、妻が女性であるということを正しく理解しなければいけない。

女性は、男とは体のつくりも異なり、生まれ持った役割も違う。

女性には子どもを産んで育てるという大切な役割があり、そのために産みの苦しみを体験する。生理があるのもそのためだ。

男から見ると、女性の情緒的な豊かさは、ときとして感情的すぎるようにうつり、気をつけないと、男はつい女性を見下してしまう傾向がある。

しかし、それではいけない。

男と女とでは、いろいろなことが違うのだということを正しく学習し、知識を身につけるべきだ。

そして妻の視点でものを見ることを学び、しっかりとコミュニケーションをはかり、彼女がひとりぼっちで理解されていないと感じることがないように気をつけよう。

また、あなたと妻との間にある愛の実質は、二人から生まれてくる子どもの人格にも影響を与え、それは実に子どもの将来にまで及ぶものだ。
「妻」とは、次世代にまで祝福を受け継いでいくための同胞なのだ。
これほど大切な存在なのだから、夫は妻を尊敬しなければならない。

ペテロの第1の手紙 3章7節

176

קעו

自分自身を愛するように妻を愛せ

夫は自分の妻を、まるで自分の体の一部のようにいたわり、愛しなさい。二人は一心同体なのだから、夫が妻を愛するとき、実は自分自身を愛しているのと同じことなのだ。

エペソ人への手紙 5章28節

177

קעז

夫に小言を言うのはやめよ

雨の降る日にしたたり続ける雨漏りは、小言を言い続ける妻に似ている。家の中では雨をよけ、安らぎを得たいのに、雨漏りは、そのささやかな夢をつんでしまう。

同じように、帰宅した夫はようやく家で安らぎたいのに、小言を言う妻はその夢を壊してしまう。

ケンカになるのがわかっているのに、小言を言い続ける癖が直らない女を制御し、うまくやっていくことができる男はいない。

それができるとしたら、彼は風を意のままに操り、油をその手でつかむことさえできるだろう。

箴言 27章15〜16節

178

קעח

失敗も成功も女にかかっている

私は人生のあらゆることを体験し、多くの人を見てきたが、男にとって、女が死よりも苦々しい存在となり得ることに気がついた。

女は有能な男にとっても罠となる。

その心は男を縛り上げ、その手は、手錠のように男の自由を奪ってしまう。

多くの男が女によって失敗してきた。

神に喜ばれる生き方を願うような、意志の強い男は、女の誘惑から逃れることを心得ているが、道を踏み外す男というのは、決まっていつも、女にやられてしまうものなのだ。

コヘレトの言葉 7章26節

קעט

争い好きな女性を選ぶな

争い好きな女と豪邸に住むくらいなら、屋根の片隅で平和に暮らすほうがまだましだ。

箴言 25章24節

180

קפ

婚姻関係を重んじよ

結婚はすべての人に重んじられるべきものだ。決して軽んじてはならない。

配偶者以外と性的関係を持ってはいけない。

それは、どれほど信頼を裏切る行為だろうか。

異性の誘惑は結婚したとしても続く。

しかし、自制心を働かせて情欲を正しく管理できるものとなれ。見えない不品行を、裁く神が見ていることを自覚せよ。

そうだ。確かに神は、隠れた不品行と不貞行為を裁く。

秘密は必ずばれるのだ！

ヘブル人への手紙 13章4節

181

קפא

不倫はすべてを失う

不倫をする者は、自分の身に破滅を招く愚か者だとしか言いようがない。

その行為は必ずばれるし、不倫をされた相手は、嫉妬し、憤り、復讐してやろうと行動を起こすに決まっているではないか。

嫉妬によって復讐に燃えた人は、時として常軌を逸し、何をしでかすかわからないものだ。そこにあるのは徹底的に相手をやり込めようとする憎しみだ。

そうなると、そこに待っているのは、どろどろとした争いだ。

一時の欲望におびき寄せられ、身体の関係に及んだ結果、大切な家族や信頼を失い、待っているのは、社会的恥辱と簡単には癒えない深い傷だけだ。

これほど愚かなことは他にない。

箴言 6章32〜34節

קפב

酒と女の間違いはくり返される

人は見ているほうに近づいていく。

だから、自分が何を見つめるかは人生を決すると思ったほうがいい。

常に情欲を満たすことに目を奪われていると、気づけばそこは誘惑の道だ。

欲望を餌に身を売る女に気をつけろ。彼女は獲物を待ち伏せする深い穴で、理性を失った哀れな男たちがそこに落ちていく。

まるで強盗のように待ち伏せし、男たちに妻を裏切らせ、誓った愛の虚しいことを人々の間に浸透させ、不誠実な人を増やしていく。

災いを招いた者は誰か。嘆き苦しんでいる者は誰か。争いごとを引き起こしたのは誰か。煩っているのは誰か。不必要な傷を受けたのは誰か。血走った目をしているのは誰か。

それは、酒を飲み耽り、気が緩み、カクテルを好み、夜な夜な街にくり出す男たちではないか。

官能的な赤いワインがグラスの中で輝き、なめらかに注がれるとき、騙されてはならない。

それは蛇へと姿を変え、かみついて神経を麻痺させる。無感覚になった目は淫靡な行為を求め、心に満ちるのは偽りの言葉。

それは、まるで海の中で眠りにつき、マストの上でうたた寝するのと同じほど危険な状態だ。

しかし、快楽のとりこになった男は言う。

「あの女にぶたれた気がするが、痛くもなかったし、よく覚えてない……酔ってたしな……さあ、また飲むか」

こうして彼は再び堕ちていく。

箴言 23章26～35節

183

קפג

愛と憎しみの違い

憎しみは争いを生じさせる。
しかし愛は、たとえ侮辱を受けてもその罪を許す。

箴言 10章12節

184

קפד

愛をよりどころにして生きよ

この地上で、あなたに与えられたかくも虚しい人生で、あなたを愛する妻との生活を存分に楽しむがいい。

確かなものが何もない世界で、あなたを強く思い、支えてくれる人がいるとしたら、これ以上の喜びはない。

そのような人がいることこそが、天の下で労苦するあなたへの最上の報いの一つなのだ。

コヘレトの言葉　9章9節

185

קפה

人は愛されることを求めている

いつの世も、人が求めているものは、色あせることのない愛である。

箴言 19章22節

186

קפו

お互いの心を一つにせよ

お互いの関係がぎくしゃくしないように、同じ思いを抱き、相手の最善を願う愛の心を持ち、心を合わせ、志を一つにしなさい。

自己中心的にならず、見栄を張らず、お互いに謙遜を身につけ、相手を自分よりも優れた者と思いなさい。

自分のことばかりに気をとられるのではなく、常に相手のことも顧みなさい。

ピリピ人への手紙 2章2～4節

187

קפז

すべては愛に帰結する

旧約聖書の十戒に「姦淫してはならない、人を殺してはならない、むさぼってはならない」などの戒めがある。

また、その他のどんな戒めであっても、結局のところ、すべては「あなたの隣人を自分自身のように愛せよ」という、このたった一つの戒めに帰結する。

すべての戒めの目的は、人がこの愛にたどり着くことである。

神が人に求めていることは、人がこの愛に生きることだ。

愛は、ひたすらに、その人の最善を願う心であり、決して害を与えない。

ゆえに、愛こそが「完全な戒め」である。

この愛に生きることこそ、人に対する神の要求を完全に全うする唯一の道なのだ。

ローマ人への手紙 13章9～10節

188

קפח

心から愛しなさい

愛に偽りがあってはならない。
見せかけで愛するのではなく、真心から愛するように。
愛があると言うなら、悪を退け、善に親しみなさい。
お互いを慈しみ合い、尊敬し合いなさい。

ローマ人への手紙 12章9〜10節

189

קפט

愛は借りがあってもいい

誰に対しても、何の借りもあってはならない。

しかし、互いに愛するという借りだけは、あればあるほど素晴らしい。

返しても、返しても、返しきれないほど借りたなら、その借りはひたすら返し続けなさい。

人を愛することに勝る道はないのだから。

ローマ人への手紙 13章8節

יא

11

信仰について

190

קצ

目に見えないものを信じて生きよ

目に見えるものに一喜一憂する生き方をやめよう。

今見ているもので、そのまま残るものは何一つない。

しかし、いつまでも続くもの、そして、見えるもの以上に価値のあるものは目に見えないものだ。

だから、見えるものに目を留めず、見えないものに目を留めて生きよう。

コリント人への第2の手紙 4章18節

191

קצא

明日がくることを信じるように神を信じよ

信仰とは盲目的に何かの宗教にはまることを言うのではない。

信仰とは、強く信じる心のことだ。

誰でも明日が当たり前にくると信じて生きている。

けれども、考えれば明日がくる保証などはどこにもない。

それにもかかわらず、それを当たり前に受け容れ、その前提で生きている。

これは、明日がくることを、強く信じているからに他ならない。

つまり、信仰とは、望んでいる事柄について、それを当たり前のように確かなこととして受け取ることであり、まだ見ぬことについて、確信することなのだ。

ヘブルの人への手紙 11章1節

192

קצב

神はえこひいきしない

裁きについて大事なことを伝えよう。

神はすべての人を公平に扱い、各々の行為にしたがって正当に裁きを下す。

そこには、ユダヤ人も外国人も関係がない。

世の中には、聖書を知らないのに、聖書が命じることを行う人がたくさんいる。

それは、人には良心という、心に書かれた「神のルールブック」があるからだ。

だから、たとえ、聖書の言葉を知らない者でも、自然にその命じることを行うことがあるのだ。

人は誰もが、自分の心の中で責めたり弁護したりしながら、善悪を自ら判断しているわけだ。


聖書の言葉を知っている者は、その言葉に従って裁かれる。

しかし聖書を知らなくても、その人の良心が証言するところに従って裁かれる。

だから、聖書の言葉を知っているからといって、そこに安んじていてはいけない。

なぜなら、結局のところ、何を知っているかよりも、何を行ったかのほうが重要であり、聖書の言葉を知っている者が正しいとされるのではなく、その命じることを行った者こそが正しいとされるからだ。

ローマ人への手紙 2章12～15節

קצג

すべては言い尽くされたことである

多くの本を読み学ぶことに終わりはない。

ことのすべてを極めようと、多くのことに熱中しても、ただいたずらに疲れてしまうだけだ。

結局のところ、もうすべては言い尽くされており、聞かされていることなのだ。

神を恐れて、その戒めを守れ。これこそが人間にとってのすべてであり本分なのだ。

神は善であれ悪であれ、隠れたすべてのことについて、正しく裁くからだ。

コヘレトの言葉 12章12〜14節

194

קצד

謙虚に歩みなさい

人よ。あなたがなすべきよいこととは、一体何だろうか。
神はあなたに何を求めているのだろうか。
それは、あなたが、偉い人になることでも、大それたことを企てることでも、
金持ちになることでも、宗教熱心になることでもない。
それは、ただあなたが公正なことをし、慈しむ心を持ち、へりくだってあなた
の神とともに歩むことなのだ。

ミカ書 6章8節

195

קצה

いいときも悪いときも変わらない

人生にはいいときも悪いときもある。

人は、いいときには喜び歌い、悪いときにはうつむき肩を落とすものだ。

しかし私は、あらゆるときに、神をたたえることを選ぶ。

どんなことでも、神の目から離れて起こっていることは一つもないと信じるからだ。ゆえに、私の口には、いつも神への賛美がある。

さあ、あなたも、どんなときも、心を上に向け、賛美を歌おうではないか。

そのときの状況によって翻弄され、生きる態度が変わってしまうよりも、そのほうがはるかによいではないか。

詩篇 34章1〜3節

196

קצו

人の力の限界を知れ

不条理がまかりとおるこの虚しい世界で、心安く生きる秘訣は、神のわざに目を留めること。

神が曲げたものを、人はまっすぐにできない。

人は神にはなれないのだ。

コヘレトの言葉 7章13節

197

קצז

偏見を持つな

偏見というのは恐ろしいものだ。

神の名により、劣等民族の烙印を押された人々が、迫害され、虐殺される悲劇が、どれだけくり返されてきたことだろうか。

しかし、それ自体で汚れていたり、劣っていたりするものはない。

「これは汚れている」と思う人にとって、それが汚れているにすぎない。

この区別をつくりだしているのは、その人であって、これほど有害な心はない。

私が信じるキリストの思いの中に、そのような偏見はない。

これが、私の確信である。

ローマ人への手紙 14章14節

198

קצח

権威と秩序を重んじよ

私たちはみな、立てられている権威に従い、社会秩序を守り生きていくべきだ。神を信じる信仰は、反社会的になったり、むやみに権威に反抗することではない。いや、むしろ秩序を重んじ平和のために寄与することだ。

そもそも神を信じるとは、自分以上の権威を信じることであって、神の権威を認める心である。だとするならば、神を信じる者は、権威を敬い、そこにある秩序を重んじる者として生きるべきだ。

だから、基本的な姿勢として反社会的であるべきでなく、秩序を乱す者であってはならないのだ。

ローマ人への手紙 13章1節

199

קצט

行動のない信仰は虚しい

信仰を持って生きることは素晴らしいし、自分に信仰があると自覚しているとしたら、それはそれで素晴らしいことだが、もし誰かが「自分には信仰がある」と言っても、その人の行動がそれにともなっていなければ全く意味がないし、そんな信仰がその人を救うことなどできるわけがない。

たとえば、もし、誰かが着るものにも困り、毎日の食べ物にも事欠いているのを知りながら、その人に「安心しなさい。暖まって満腹するまで食べなさい」と言うだけで、必要なものを何一つ分けてあげないとしたら、全く無益であって何の役にも立たない。

それと同じように、信仰があるというなら、行いによってそれを証明しないかぎり、そんな信仰は死んだも同然なのだ。

ヤコブの手紙 2章14〜17節

ר

信条の違いで裁き合うことなかれ

宗教的なしきたりや、伝統的な習慣によって、ある特定の日を、その他の日よりも重んじ、その日に特別な祭事を行い、それを守るべきだと考える人もいる。しかし、神の前ではどの日も同じように大切であって、ある日を特別視する必要はないと考える人もいる。

信仰を持つということは、このようなことで裁き合うことではない。そんなことは、各々が自分の確信に基づき決めればよいことだ。

ローマ人への手紙 14章5節

201

כא

星を見上げて想いを馳せる

目に見えない神の本性は、宇宙が誕生した瞬間から、それが存在しているという事実によって認められることだ。

この世界が存在しているということは、その背後に、存在を可能にしているすべてを超越した力があるのは明らかなことで、人間は自然を観察することによって、当然それに気づくべきなのだ。

ローマ人への手紙 1章20節

בר

麗しさに目を留めて生きよ

私には一つの願いがある。私はこの一つのことを神に願い、それを切実に求めている。それは、私の命のある限り、神の家に住むことだ。

人生には見たくないこと、思い出したくないことがたくさんある。

また、この世は誘惑に満ちていて、私は常に悪に引き寄せられる危険の中で生きている。

だからこそ、私は麗しい神の愛や恵みに目を留め、その素晴らしさにいつも思いを馳せ、それを深く味わいながら生きていたのだ。

それ以外は目に入らないほど、神を身近に感じて生きていたい。

それが私の切なるたった一つの願いなのだ。

詩篇27章4節

203

גר

神の愛を感じる

私はキリストの実存にふれ、そのリアリティーを知っていることの素晴らしさゆえに、今まで、私が頼みにしていたいっさいが虚しいものであったことを悟った。由緒ある血筋や、神の選びの民であるという選民意識も、受けた宗教教育も、エリートである自覚も、何もかも、後生大事に握りしめていたものは、一瞬のうちに色あせ、私はそれらのものを喜んで捨て去った。

なぜなら、それらのものは、私が切実に求めてやまなかった魂の平安と、神の前における罪の許しの実現をもたらすことはなかったからだ。

血筋がよいとか、宗教熱心であることが、その人の罪を消し去ることはない。私は、熱烈に戒律を守ることについて努力してきたがゆえに、それを知っている。

いくら正しくあろうとしても、人は、神の前に完全になることなどできない。ゆえに、戒律を守ることが神への道だと教える宗教の中に、真の解決はない。しかし、今や、私は神の愛の本質に抱かれている。

戒律を守ろうとする努力の中では、決して得ることのできなかった希望を得たのだ。

それは、宗教的な努力によってではなく、人知を超えた大きな神の愛を信じる信仰によって神に受容されるという希望である。

十字架はその愛が真実であることを我々に告げている。

私は十字架の上で、捧げ尽くす神の愛の本質を示したキリストを信じているのだ。

ピリピ人への手紙 3章7～9節

204

דד

人は神の中に存在している

人は、神の中に生き、動き、神の中に存在している。

神という実存は、この宇宙のすべてに満ちているからだ。

人は、神から離れて存在することはない。

古代ギリシャの詩人も「人間は神の所産である」と語ったが、まさにその通りである。

永遠の実存を、人間の創造力によってつくりあげた、金や銀、あるいは石の像と同じものとみなしてはならない。

人間が、神によって生じた存在なのだから。

使徒の働き 17章28〜29節

超訳 聖書　古代ユダヤ賢人の言葉

発行日　2012年4月10日　第1刷
　　　　2012年5月 1 日　第2刷

Author　石井希尚
Book Designer　松田行正　山田知子
Publication　株式会社ディスカヴァー・トゥエンティワン
〒102-0093 東京都千代田区平河町2-16-1 平河町森タワー 11F
TEL 03-3237-8321（代表） FAX 03-3237-8323
http://www.d21.co.jp

Publisher　干場弓子
Editor　大山聡子

Marketing Group
Staff　小田孝文　中澤泰宏　片平美恵子　井筒浩　千葉潤子　飯田智樹
佐藤昌幸　鈴木隆弘　山中麻吏　西川なつか　猪狩七恵　古矢薫
鈴木万里絵　伊藤利文　米山健一　原大士　井上慎平　芳賀愛
堀部直人　山﨑あゆみ　郭迪　蛯原昇　中山大祐　林拓馬　本田千春

Assistant Staff　俵敬子　町田加奈子　丸山香織　小林里美　井澤徳子　古後利佳
藤井多穂子　片瀬真由美　藤井かおり　福岡理恵　葛目美枝子

Operation Group
Staff　吉澤道子　小嶋正美　松尾幸政
Assistant Staff　竹内恵子　熊谷芳美　清水有基栄　小松里絵　川井栄子　伊藤由美
リーナ・バールカート

Productive Group
Staff　藤田浩芳　千葉正幸　原典宏　林秀樹　石塚理恵子　三谷祐一
石橋和佳　徳瑠里香　田中亜紀　大竹朝子　堂山優子　伍佳妮

Digital Communication Group
Staff　小関勝則　谷口奈緒美　中村郁子　松原史与志

Proofreader　文字工房燦光
DTP　アーティザンカンパニー
Printing　共同印刷株式会社

ISBN978-4-7993-1155-4